Hunde mal

Werdet ein unschlagbares Team!

Baue mit Hundespielen und Denksportaufgaben eine stärkere
Bindung zu deinem Vierbeiner auf und fördere die Intelligenz
deines Hundes

Von
Viktória Vass

Ausgabe 1, 2020

Umschlaggestaltung, Illustration: fiverr.com/germancreative
Verlag: Independently published
ISBN: 9781980641858

Viktória Vass wird vertreten durch „IR Publishing":

Ignatz Rajher
Parlweg 4A
30419, Hannover
E-Mail-Adresse: ignatzrajherpublishing@gmx.de

(Info: Die mit * gekennzeichneten Links sind Affiliate Links. Wenn du dieses Produkt kaufen solltest, werde ich am Umsatz beteiligt. Für dich entstehen dabei natürlich keine Mehrkosten.)

Bibliografische Information Der Deutschen Nationalbibliothek

Die Deutsche Nationalbibliothek verzeichnet diese Publikation in der Deutschen Nationalbibliografie. Detaillierte bibliografische Daten sind im Internet über http://dnb.d-nb.de abrufbar.

Inhaltsverzeichnis

Vorwort

Viele Hunde brauchen eine besondere Auslastung. Speziell Besitzer von Hütehunden können ein Lied davon singen, dass ihren Hunden schnell langweilig wird. Sie brauchen geistige Beschäftigung, ebenso wie die körperliche. Bekommen sie das nicht, können sie sehr darunter leiden. Sie suchen sich ihre eigenen „Hobbies", die der Besitzer meist nicht besonders lustig findet. Da wird der eine oder andere Hund zum Innenarchitekten, hütet Menschen oder fängt an seine Pfoten wund zu lecken aus lauter Verzweiflung. Aber nicht nur für Hütehunde ist die geistige Auslastung wichtig.

Sinnvolle Beschäftigung kommt allen Hunden zugute. Jeder Besitzer wird schnell feststellen, dass sein Hund bereitwillig mitarbeitet, selbst wenn er das in anderen Fällen nicht so gerne macht. Zudem wird die Bindung zwischen Halter und Hund gefestigt. Du wirst erstaunt sein, wie sich die Bindung durch die gemeinsame Arbeit mit Deinem Hund schon nach kurzer Zeit festigen wird. Das erleichtert Dir alle weiteren Aufgaben und den Alltag mit Deinem Vierbeiner ungemein. Wichtig ist, die Spiele mit Spaß anzugehen. Es gibt kein falsch. Wichtig ist auch, den Hund nicht zu schimpfen. Vielmehr solltest Du ihm beim Lösen der Aufgaben helfen, wenn er so gar nicht mehr weiterkommt.

Der Hund sollte zudem alle Zeit für das Lösen der Aufgaben bekommen, die er benötigt. Manche Hunde lernen schneller als andere. Viele verlieren an manchen Aufgaben auch die Lust, wenn sie zu keinem Erfolg kommen. Hier muss dem Hund einfach in mehreren kleinen Schritten geholfen werden. Du solltest immer gut abwägen, welche Spiele und Aufgaben für Deinen Hund die richtigen sind. Du kennst ihn schließlich am besten und weißt, an was er Freude hat.

Nicht jeder Hund eignet sich für alle Aufgaben. Manche Hunde sind richtige Tüftler, andere mögen alles, was mit Action verbunden ist. Es gibt viele Möglichkeiten, Hunde geistig richtig auszulasten. Dafür gibt es unterschiedliche Spiele und Aufgaben, mit Action und Strategie.

In meiner Arbeit als Tierheilpraktikerin werde ich oft darauf angesprochen, warum der Hund so ist, wie er ist. Bei den meisten Hunden ist das Problem, dass sie nicht artgerecht beschäftigt und ausgelastet werden. Ich habe seit 15 Jahren Hütehunde und mich sehr intensiv mit den Rassen beschäftigt. Ich kann aus eigener Erfahrung bestätigen, dass Hütehunden viel Blödsinn einfallen kann, wenn sie mal eine Zeit nicht wirklich beschäftigt werden. Natürlich ist es nicht immer möglich, sie so auszulasten, aber ein bisschen sollte doch immer machbar sein.

Ein Border, der Schafe hütet, hat im Winter auch wenig zu tun. Der Schäfer stellt ihm dafür sicher keinen Agility Parcours auf. Die Hunde müssen lernen, zu entspannen und zu chillen. Das ist ein ganz wichtiger Punkt. Vor allem, um sich keinen durchgeknallten Hüter zu schaffen, der kläffend über die Plätze jagt und kaum mehr zu beruhigen ist. Dennoch sollte auch in den Zeiten, in denen der Mensch weniger Zeit hat, immer ein wenig Training möglich sein. Im Allgemeinen reichen ein paar Minuten, um dem Hund eine gewisse Auslastung zu geben. Die Trainingssequenzen sollten eine viertel Stunde nicht übersteigen. Besser ist es, wenn möglich, mehrfach am Tag zu trainieren. Dabei solltest Du wirklich nur 2-5 Minuten trainieren. Aber eine lange Trainingseinheit nutzt dem Hund nichts. Er lernt durch viele Wiederholungen an mehreren Tagen nacheinander.

Und er braucht die Ruhephasen, um darüber nachzudenken und das Gelernte zu verinnerlichen. Zwischen Trainingseinheiten sollten immer mindestens 10 Minuten Pause liegen. Da darf der Hund spielen oder sich ausruhen, was er gerade möchte.

Natürlich hat man nicht immer Lust und genug mit Beruf und dem Alltag zu tun. Aber wenn man sich einen ausgeglichenen Hund wünscht, sollte man zumindest zehn bis 15 Minuten am Abend nach der Arbeit für den Hund aufbringen und mit ihm trainieren. Hier ist aber auch die Abwechslung wichtig. Mach nicht jeden Tag das Gleiche mit ihm. Wenn Du Tricks machst, nimm jeden Tag andere.

Wenn Du auf dem Hundeplatz arbeitest, sind die Zeiten und Tage ohnehin meist vorgegeben. Wichtig ist, mit dem Hund nie so lange zu trainieren, dass er die Lust und Motivation verliert. Egal ob zu Hause oder auf dem Hundeplatz.

Einführung

Es gibt viele Spiele, die sich sowohl im Haus als auch draußen spielen lassen. Besonders praktisch sind die Spiele für drinnen, wenn das Wetter so schlecht ist, dass sich jeder freut, nach der Gassi Runde wieder zu Hause zu sein. Natürlich lassen sich nicht alle Aufgaben im Haus oder der Wohnung machen, aber viele Spiele, die mit der Nasenarbeit zu tun haben, sind bestens für innen geeignet. Hunde können eine unglaubliche Leistung mit ihrer Nase vollbringen. Sie sind wahre Schnüffelmeister und fast alle Hunde haben einen Riesenspaß daran, ihre Nase einzusetzen.

Es gibt einige Spiele für drinnen. Das sind verschiedene Hütchenspiele, Schubladenspiele, Tunnelspiele und vieles mehr. Es gibt im Handel zahlreiche Spiele, die die Hunde zum Denken anregen sollen. Viele lassen sich ganz einfach selbst herstellen. Auf diese Weise lässt sich einiges sparen und der Hund hat jede Menge Abwechslung in den Spielen.

Der Handel bietet viele Denksportspiele für Hunde an. Es gibt sie in verschiedenen Schwierigkeitslevels. Viele können allerdings auch selbst gebastelt werden, was einiges an Kosten einsparen kann. Und wer genug Ideen und Fantasie hat, kann seinem Hund einen ganzen Spielgarten zur Verfügung stellen. Natürlich ist beim Bau immer darauf zu achten, dass keine Ecken oder Kanten da sind, an denen sich der Hund verletzten kann. Und die Spiele sollten in der Größe an den Hund angepasst sein. Ebenso an die Rasse. Manche Spiele sind für stumpfnasige Hunde nicht so ganz einfach zu bewerkstelligen, wenn die Öffnungen für die Kekse etwas zu klein sind. Kleine Hunde kommen oft nicht so gut in der Höhe an Leckerchen ohne springen zu müssen. Wichtig ist, dass die Spiele einen festen Stand haben, wenn Du sie nicht festhalten möchtest.

Sie dürfen aber keinesfalls kippen und den Hund erschrecken oder gar verletzen. Du kannst aber auch sehr viele Möglichkeiten des Hundesports nutzen. Durch die verschiedenen Angebote steht für nahezu jeden Hund die passende Sportart zur Auswahl. Ihr könnt Euch zusammen richtig auspowern und an den Aufgaben wachsen. Du wirst erstaunt sein, welche Höchstleistungen Dein Hund vollbringen kann. Deiner Gesundheit und Fitness tut es unter Umständen auch gut, wenn Du Dich sonst vielleicht weniger bewegst.

Wenn Du ohnehin schon fit bist, kannst Du das Training mit Deinem Hund gleich für Dich nutzen. Wenn Du mit Spaß an die Sache rangehst, hast Du mit Deinem Hund ein tolles gemeinsames Hobby, bei dem Ihr Euch, je nach Ehrgeiz, mit anderen in Wettkämpfen messen könnt. Die Zusammenarbeit wird Euch auch in anderen Bereichen besser zusammenarbeiten lassen. Und Du hast das gute Gewissen, Deinen Hund artgerecht und sinnvoll zu beschäftigen, dass er geistig und körperlich ausgelastet ist.

PS: Bevor wir mit den Inhalten dieses Buches loslegen, möchte ich dir nochmal kurz ein wenig über eine meiner Hundetrainier-Kollegen erzählen:

Schon mal etwas von **Johanna Esser** gehört? Sie ist mit Abstand eine der besten Hundetrainer-Kolleginnen die ich jemals kennenlernen durfte. Deshalb erfreut es mich auch so sehr dir an dieser Stelle zu zeigen, wie Sie dir dabei helfen kann deinen Hund zu trainieren, ohne dass du dafür Hunderte von Euros an Hundetrainer zahlen musst. Alles ganz einfach in Form eines Online-Hundetraining-Programms*.

Besuche für nähere Infos einfach folgende Seite:
> http://bit.ly/Hundetraining-mit-Johanna <

In diesem Programm, welches mehr als 50 Videos enthält, erhältst du 12 umfangreiche Module zur Hundeeerziehung:

- Modul 1 - Die Basics der Hundeerziehung
- Modul 2 - Die optimale Leinenführigkeit
- Modul 3 - OHNE Leine...eine neue FREIHEIT
- Modul 4 - Perfektes lernen im Spiel
- Modul 5 - Abrufen aus JEDER Situation
- Modul 6 - Effektive Wege der Kommunikation
- Modul 7 - So lernt Dein Hund richtig
- Modul 8 - Sinnvolle Beschäftigungen
- Modul 9 - Der stressfreie Alltag mit Hunden
- Modul 10 - Das richtige Spielen (Bindung schaffen!)
- Modul 11 - Die richtigen Hilfsmittel
- Modul 12 - Anti Jagd Training
- BONUS: Modul 1 - Clickertraining Teil 1
- BONUS: Modul 2 - Clickertraining Teil 2
- BONUS: Modul 3 - Fährtenkurs

Wenn du dir die zahlreichen umfangreichen Texte, Bilder und mehr als 50 Live Videos anschauen willst, dann besuche einfach mal die Webseite von Johanna:

> http://bit.ly/Hundetraining-mit-Johanna <

Clicker

Hunde, die mit dem Clicker gearbeitet werden, können oftmals leichter an die Aufgaben herangeführt werden. Wenn Du nicht mit dem Clicker arbeitest, solltest Du die kleinen einzelnen Schritte mit einem Lob und eventuell Leckerchen bestätigen. So kann dem Hund klar gemacht werden, wenn ein kleiner Schritt richtig ist. Wenn Du Deinen Hund an den Clicker gewöhnen möchtest, ist das relativ einfach. Es kommt anschließend beim Belohnen nur auf Deine Genauigkeit an. Das ist aber beim Loben nichts anderes.

Um den Hund an den Clicker zu gewöhnen, nimmst Du den Clicker in die eine Hand und ein Leckerli in die andere. Klicke einmal und wenn der Hund Dich anschaut, bekommt er dafür einen Keks. Das wiederholst Du solange, bis der Hund bei jedem Click zuverlässig zu Dir schaut. Dafür brauchst Du kein Kommando, da der Clicker das Lobwort ersetzt. Der Hund weiß irgendwann Klick = Keks. Wenn der Hund richtig auf den Clicker konditioniert ist, musst Du nicht mehr jeden Klick sofort mit einem Leckerchen belohnen. Du hast in dem Fall einen Moment mehr Zeit, um ihm das Leckerchen zu geben.

Für den Hund ist der Klick die Bestätigung, dass er es richtig gemacht hat. Er weiß, dass er dafür das Leckerchen bekommt. Zwischen Klick und Leckerli kann ein wenig Zeit sein, aber nicht zu lange.

Wie Hunde lernen

Hunde lernen durch viele Dinge. Dazu gehören positive und negative Emotionen, das solltest Du Dir immer bewusst machen. Sie lernen durch abschauen, durch selbst ausprobieren und durch zeigen. Du hast Dich bestimmt schon oft gefragt, wie Du Deinem Hund etwas Neues lernen kannst. Oder warum er manche Dinge nicht so macht, wie Du das gerne hättest. Auch warum er sich etwas partout nicht abgewöhnen lässt, obwohl Du sein Verhalten so gerne verhindern möchtest. Und können alte Hunde auch noch etwas lernen? Lernen ist für alle Lebewesen überlebenswichtig. Nur durch Lernen lässt sich Schaden vermeiden und der Bedarf für das Leben decken. Durch Lernen wird die Anpassung verbessert.

Ein Straßenhund beispielsweise muss sich ständig anpassen, um zu überleben. Das gleiche gilt für Wildhunde. Würden sie ihr Verhalten nicht ändern und dazulernen, würde es ihnen schwerfallen zu überleben. Die Anforderungen ihrer Lebensumgebung sind nicht immer die Gleichen. Würden sie still nach Muster X leben und nichts dazu lernen, hätten sie sehr schnell ein Problem. Hunde, die beim Menschen leben, haben meist ein geregeltes Leben. Sie bekommen ihr Futter, werden Spazieren geführt, werden gekuschelt und es wird mit ihnen gespielt. Hunde wollen Menschen gefallen und dazugehören. Daher tun sie alles, um sich an ihre Menschen anzupassen und es ihnen recht zu machen.

Damit ein Hund lernen kann, braucht es die passende Lern-Atmosphäre. Nur mit ein paar Grundvoraussetzungen kann ein Hund lernen. Damit er sich wohlfühlt sollte die Stimmung entspannt und fröhlich sein. Schmerz, Angst, Stress oder Druck sorgen für eine zu hohe Erregungslage. In dem Zustand ist es dem Hund nicht möglich etwas zu lernen. Das würde auch beim Menschen nicht gut funktionieren.

Es ist wichtig, dass der Hund entspannt und sich sicher fühlt. Wähle, besonders zu Beginn, eine Umgebung ohne viel Ablenkung, so dass sich der Hund wirklich auf Dich konzentriert. Dass Du unter Ablenkung übst, kann später als höhere Schwierigkeit eingesetzt werden. Übe nicht mit Deinem Hund, wenn es ihm nicht gut geht. Man kennt es von sich selbst. Hat man Schmerzen oder fühlt sich nicht gut, möchte man auch nicht viel machen müssen. Achte also genau darauf, ob Dein Hund ein Kommando nicht ausführt, weil er vielleicht Schmerzen hat. Es ist kein Ungehorsam, wenn sich ein Hund mit Rückenschmerzen nicht gerne ins Platz legt. Er wird auch nicht gerne auf einen umgefallenen Baumstamm springen mögen.

Die Motivation ist das A und O warum ein Hund ein bestimmtes Verhalten ausführt. Dazu gehören verschiedene Bedürfnisse und Faktoren. Hunde haben diverse Motive warum sie etwas tun. Sie haben Hunger und sind motiviert zu fressen. Oder sie sind motiviert zu spielen, weil sie einen Hundekumpel getroffen haben. Führe Dir immer vor Augen, dass Hunde für alles ein Motiv haben. Egal, ob sie jagen, schlafen möchten, ihre Ruhe wollen oder vielleicht auch nicht berührt werden wollen, weil ihnen vielleicht etwas weh tut. Die Motivation ist die Basis für jedes Hundetraining. Ein Hund, der sich nicht motivieren lässt, kann neue Dinge eigentlich nur durch Druck oder Einschüchterung lernen.

Auf diese Art sollte kein Hundetraining stattfinden. Das Sprichwort „Gewalt fängt da an, wo Wissen aufhört" hat einen absolut passenden Inhalt. Der Hund würde dabei sein Wohlfühlgefühl verlieren und könnte im schlimmsten Fall sogar eine Lernblockade bekommen. Motiviere Deinen Hund also immer positiv, egal was Du machst. Ob im Alltag oder beim spezifischen Training. Lerne Deinen Hund kennen und schätze ihn richtig ein. Wie reagiert er in welcher Situation? Das kannst Du Dir zu Nutze machen, um ihn zu motivieren.

Natürlich ist die Intelligenz auch ein Punkt, der eine Rolle spielt. Hunde sind intelligent. Jeder Hund hat seine eigene Intelligenz, die auch bei jedem Hund gefördert werden kann. Hunde haben eine hohe soziale Intelligenz, das heißt sie können komplexe Beziehungen zu Artgenossen und anderen Spezies aufbauen und halten. Bedenke immer, dass jeder Hund auf seine eigene Art und Weise am besten lernt und stell Dich darauf ein. Manche Hunde lernen sehr schnell, es gibt aber auch Hunde, die wesentlich mehr Zeit benötigen. Sie sollten aber wirklich alle Zeit bekommen die sie brauchen. Die meisten Hunde lernen besonders gut spielerisch. Wichtig dabei sind kleine Schritte und Wiederholungen.

Hunde stellen Verbindungen her. Sie sehen Pferde auf einer Weide und schauen interessiert, kommen dabei aus Versehen an den Elektrozaun und bekommen einen Schlag. Nachdem sie sich in dem Moment auf die Pferde konzentriert haben, verknüpfen sie die Pferde mit einer negativen Empfindung und werden sie in Zukunft nicht mehr so toll finden. Haben sie hingegen ein positives Erlebnis, wie ein Leckerchen, wenn sie mit im Stall bei den Pferden sind, werden sie in Zukunft gerne in den Stall gehen, weil das eine positive Empfindung war. Das gilt für alle Verknüpfungen, die der Hund aufbaut. Wenn Du Dir das verinnerlichst, wirst Du vieles verstehen, warum Dein Hund etwas macht oder eben auch nicht.

Hunde machen nichts, um ihren Besitzer mit Absicht zu ärgern. Sie tun Dinge, die aus ihrer Sicht in dem Moment eben logisch sind. Das Problem ist meist der Mensch, der es falsch versteht oder falsch interpretiert. Den Hund dafür zu strafen wäre sehr ungerecht. Es wäre auch kontraproduktiv, weil der Hund das Verhalten nicht einschätzen kann und im schlimmsten Fall sogar Angst vor seinem Besitzer bekommt, weil der unvorhersehbare Wutausbrüche hat.

Hunde verallgemeinern ihre Erfahrungen in vielen Fällen. Wurden sie einmal von einem Mann bedroht oder gar geschlagen, kann es sein, dass sie alle Männer als gefährlich einstufen. Negative Emotion. Sie verhalten sich dann Männern generell gegenüber vorsichtig oder meiden sie komplett. Besonders die negativen Emotionen, die Angst auslösen, verallgemeinern Hunde sehr schnell, denn diese dienen dem Überleben.

Um dem Hund etwas zu lernen sind viele kleine Schritte nötig. Dafür solltest Du immer die nötige Geduld aufbringen. Achte auf eine eindeutige Kommunikation von Dir und bring Deinem Hund die neue Aufgabe oder das gewünschte Verhalten in kleinen Schritten bei. Nutze dabei viele Wiederholungen.

Motiviere Deinen Hund immer mit viel Lob und Leckerchen. Beachte dabei, dass Du die Menge der Leckerli vom Futter abziehst. Wenn Du generell nicht mit Leckerchen arbeiten möchtest, kannst Du auch ein Spielzeug nutzen. Hauptsache der Hund mag es und hat Spaß damit. Durch die positive Bestätigung wird der Hund bemüht sein, sich mehr anzustrengen und das Geforderte immer besser zu machen. Wird er hingegen gestraft, werden damit negative Empfindungen hervorgerufen. Macht der Hund seine Sache gut und bekommt immer das Lob, wird er sich aber vielleicht nicht mehr steigern, weil er ja weiß, dass er sowieso das Leckerli bekommt. Hier musst Du bei jedem Individuum das richtige Maß finden. Es gibt Hunde, die wollen immer fressen. Aber eben nicht alle. Belohne hier zwischendrin mit Knuddeln, Streicheln oder einem Spiel. Beachte beim Streicheln und Knuddeln aber, dass viele Hunde in der Konzentration und beim Lösen einer Aufgabe nicht gestreichelt werden möchten. Es kommt immer auf den Hund an. Hunde verarbeiten das Gelernte im Schlaf, das bedeutet sie lernen eigentlich 24 Stunden lang. Du kannst mit Deinem Hund also gut vor dem Schlafengehen noch eine kurze Lerneinheit machen. Hunde können grundsätzlich ihr ganzes Leben lang lernen.

Daher ist es umso wichtiger sie auch im Alter noch geistig und artgerecht auszulasten. Es hält sich hartnäckig die Meinung, was ein Hund als Welpe nicht lernt, lernt er im Alter nicht mehr. Hunde haben in der Zeit von der 3./4. Lebenswoche bis zur 12./max. 16. Lebenswoche eine sogenannte Sozialisierungsphase. Was er in der Zeit lernt, verlernt er nie mehr. Du kannst es Dir wie einen Koffer oder Rucksack vorstellen. Dieser wird vom Hund mit positiven und negativen Erlebnissen gefüllt. Bei Bedarf kann er immer wieder darauf zugreifen. Er sollte also in der Zeit so viel wie möglich kennenlernen dürfen, um so gut wie möglich für sein weiteres Leben gerüstet zu sein. Hat der Welpe beispielsweise keinen Menschen mit Gehstock kennengelernt, kann es sein, dass ein erwachsener Hund auf einen Menschen mit Gehstock irritiert reagiert und angewurzelt stehen bleibt. Vielleicht bellt er den Menschen auch an. Das liegt daran, dass er dieses Bild nicht in seinem Gepäck finden kann, sondern zum ersten Mal im Leben sieht.

Umso wichtiger ist es, dem Welpen so viele Umweltreize wie möglich zu präsentieren. Sie sollten allerdings alle nur positiv sein. Dabei ist stets darauf zu achten, dass der Welpe nicht überfordert wird. Die Sozialisierungsphase dauert nicht besonders lange. Es gibt aber sehr viel zu entdecken auf der Welt. Hier ist also wirklich Vorsicht geboten. Theoretisch kann jede Verhaltensweise bei einem Hund mehr oder weniger verändert werden. Dennoch sollte sie von Beginn an so gut wie möglich verlaufen. Hunde lernen über verschiedene Wege, um ihnen etwas Neues beizubringen, wird aber meist die klassische Konditionierung gewählt. Der Hund verknüpft dabei Bedingungen aus der Umwelt, die mit einer Reaktion auf den Organismus in Verbindung stehen. Der Hund lernt bei der klassischen Konditionierung einen für ihn bislang neutralen Reiz mit einem Reiz zu verknüpfen, der bei ihm automatisch einen Reflex auslöst. Er kann eigentlich nicht darüber nachdenken oder sich dagegen wehren. Es passiert einfach genau das, was er gerade lernt.

Dabei ist die zeitliche Komponente aber ganz entscheidend. Wenn zwei Reize miteinander verknüpft werden sollen, muss das innerhalb von einer halben bis einer Sekunde passieren. Andernfalls ist die Verknüpfung nur sehr schwach und in der Regel überhaupt nicht erfolgt.

Das Ganze lässt sich am Pawlowschen Beispiel erklären. Es ertönt eine Glocke und dem Hund soll das Wasser im Fang zusammenlaufen. Das geschieht automatisch, wenn dem Hund Futter präsentiert wird. Er kann nichts dagegen tun. Stimmt jetzt die zeitliche Komponente, wird der Hund die Verknüpfung zwischen der Glocke und dem Futter herstellen. Die Wiederholung ist dafür aber wichtig. Hat er die Verknüpfung verinnerlicht, weiß er, dass die Glocke Futter bedeutet und ihm läuft das Wasser im Fang zusammen.

Solche Verknüpfungen können von Hunden den ganzen Tag lang hergestellt werden. Über mache wirst Du Dich sicher freuen, andere wirst Du wohl nicht so gut finden. Besonders Probleme, die mit der Angst in Verbindung stehen, werden leider und in vielen Fällen schnell durch eine ganz klassische Konditionierung ausgelöst.

In der operanten Konditionierung läuft es etwas anders. Sie wird auch als instrumentelle Konditionierung bezeichnet. Man könnte auch Versuch und Irrtum dazu sagen. Wobei der Lernmechanismus hier immer das Gleiche beschreibt. Hier dreht es sich um das bewusste Handeln des Hundes. Konkret bedeutet das, den Hund zu motivieren, ein bestimmtes Verhalten ganz bewusst zu zeigen. Oder wenn nicht gewünscht, es bewusst nicht zu zeigen. Der Hund lernt bei der operanten Konditionierung bewusst die Konsequenzen, die auf sein Verhalten folgen. Sie müssen aber wie bei der klassischen Konditionierung, innerhalb von einer halben bis einer Sekunde erfolgen. Dabei ist ein Signal den Menschen, ob Hör- oder Sichtzeichen, fast noch wichtiger, als die Konsequenz.

„Sitz" ist so ein Beispiel. Der Hund setzt sich hin, sofort folgt die Belohnung in Verbindung mit dem Hörzeichen „Sitz". Der Hund wird positiv verstärkt und wird in der Konsequenz das Verhalten öfter zeigen. Das kannst Du auch nutzen, wenn der Hund Dich beim Spazieren gehen öfter anschauen soll. Belohne jedes Anschauen direkt und gib ihm ein „schau" dazu. Nutze das auch für den Rückruf. Wenn Du den Hund aus einem ganz tollen Spiel abrufst, muss das Leckerli aber ein Jackpot sein. Nutze Verhalten, die der Hund von sich aus anbietet und belohne sie direkt.

Aus beiden Konditionierungsformen kann das Gelernte mit der Zeit in Vergessenheit geraten. Ist die Zeit zwischen den konditionierten Reizen zu groß, kann es sein, dass sie gelöscht werden. Wird das Futter erst einige Zeit nach der Glocke gegeben, lässt das Wasser im Fang auch mit der Zeit nach. Bei der operanten Konditionierung wäre es, wenn der Hund für das Zurückkommen immer eine tolle Belohnung bekommt, und dann nicht mehr, weil es ja ohnehin zuverlässig funktioniert. Die Motivation lässt nach, weil der Mensch in der Belohnung nachlässig geworden ist.

Du siehst, wenn Du Dich ein bisschen mit dem Thema beschäftigst, kannst Du das Lernverhalten Deines Hundes besser verstehen und warum er manche Sachen macht und andere nicht. Das kann Dir auch im Alltag helfen. Du kannst das Verhalten von Deinem Hund besser verstehen und kannst nachvollziehen, wie er in bestimmten Situationen reagiert.

Wenn Du Deinen Hund wirklich einmal strafen musst, dann muss auch das unmittelbar erfolgen. Versuche dabei ganz korrekt vorzugehen. Nutze eine Strafe, die stark genug ist, zuverlässig das unerwünschte Verhalten vom Hund zu unterbinden. Achte dabei ganz genau darauf wie stark Du die Strafe einsetzt. Du kannst den Hund so erschrecken, dass sich daraus weitere Probleme ergeben. Das darf keinesfalls passieren.

Es kann auch sein, dass Du die Strafe wiederholen musst, wenn der Hund das Verhalten nochmal zeigt. Sie muss aber immer mit dem Verhalten verknüpft werden. Achte darauf, dass sie nicht mit Dir oder anderen Personen in Verbindung steht. Strafe ist kein Problemlöser.

Sie unterdrückt bestenfalls. Suche also lieber eine andere Möglichkeit unerwünschtes Verhalten anders zu konditionieren. Du musst Dir auch bewusst sein, dass Du beim Strafen schnell an den Rand der Tierquälerei kommst und mit dem Tierschutzgesetzt in Konflikt kommen kannst. Strafen sind für Hunde nicht zu verstehen, da sie in ihrem Sprachgebrauch nicht vorkommen. Versuche immer so mit Deinem Hund zu kommunizieren, dass er eine Chance hat, es zu verstehen. Dafür musst Du als Mensch die Hundesprache lernen, nicht der Hund die Menschensprache.

Kommunikation und Signale

Kommunikation ist nicht nur unter Menschen wichtig. Mit Hunden kommunizieren wir allerdings anders als mit unseresgleichen. Hunde sind Meister darin, Menschen zu lesen und ihre Körpersprache. Sie verstehen viele Signale, die wir ihnen geben. Andersherum ist es oftmals nicht so. Viele Menschen können Signale von Hunden nicht richtig deuten. Dass ein Hund mit wedelndem Schwanz nicht immer freundlich, sondern einfach aufgeregt ist, hat sich mittlerweile weitreichend herumgesprochen. Ein schwanzwedelnder Hund kann durchaus schlecht gelaunt sein und aggressiv. Daher ist es umso wichtiger, die Signale des Hundes in der jeweiligen Situation richtig einzuschätzen. Nur, wenn Du das kannst, kannst Du genau auf die Bedürfnisse Deines Hundes reagieren. Er bekommt dadurch das Gefühl, dass Du ihn verstehst, was zu einer harmonischen Beziehung zwischen Euch führt.

Es gibt immer wieder Missverständnisse in der Kommunikation zwischen Menschen und Hunden. Das liegt an verschiedenen Dingen. Wichtig ist, dass beide ein bestimmtes Signal gleich verstehen. Soll sich Dein Hund hinsetzen und Du gibst ihm das entsprechende Kommando, reagiert er vielleicht nicht so wie gewünscht, sondern bleibt einfach stehen. Ein Grund kann sein, dass er das Kommando schlichtweg nicht gehört hat. Du hast es ihm vielleicht einfach zu leise gesagt.

Das deutet aber nicht, dass Du Deinem Hund im Kasernenhofton Befehle geben oder ihn anschreien musst. Es könnte auch sein, wenn Dein Hund noch ein Welpe ist, dass er die Bedeutung nicht kennt und Sitz noch gar nicht gelernt hat. Es kann auch sein, dass für Deinen Hund die Ablenkung einfach zu groß ist und er in dem Fall noch nicht zuverlässig die Befehle ausführt. Eine weitere Möglichkeit kann sein, dass es ihm Schmerzen bereitet, sich hinzusetzen und er deswegen den Befehl ignoriert. Ein ganz wichtiger Grund kann auch sein, dass Deine Körpersprache etwas anderes sagt als der Befehl. Du stehst vor Deinem Hund, gibst ihm das Kommando und beugst Dich vielleicht ein wenig nach vorne. Dein Hund empfindet das im Moment als Bedrohung und legt sich hin, statt sich zu setzen. Er möchte Dir auf diese Weise zeigen, dass er keinen Streit möchte und Du ihn nicht weiter bedrohen musst.

Es ist immer wieder zu beobachten, dass sich Menschen über Hunde beugen. Um sie zu begrüßen, zu streicheln oder was auch immer.

Für den Hund wirkt das über ihn beugen als Bedrohung. Die meisten Hunde lassen es zu bei ihren Besitzern, weil sie wissen, dass sie nichts zu befürchten haben. Bei fremden Menschen kann es allerdings auch passieren, dass der Hund rückwärtsgeht oder im schlimmsten Fall zuschnappt. In dem Fall konnte er mit der Bedrohung nicht anders umgehen, wird aber für sein Verhalten vermutlich bestraft.

Es ist deutlich besser, um den Hund zu begrüßen, in die Hocke zu gehen anstatt sich über ihn zu beugen. Besonders bei fremden Hunden. Lerne Hunde gut zu lesen, in dem Du genau beobachtest. Nur so kannst Du die Signale richtig deuten. Verweigert ein Hund, weil er beschwichtigen möchte? Zeigt der Hund Signale von Stress? Sie können durch Schmerzen oder auch bei Überforderung entstehen. Hat er den Befehl vielleicht einfach nicht gehört? Du bist dafür verantwortlich, dem Hund richtige Signale zu senden. Nicht Dein Hund ist verantwortlich Deine Signale richtig zu deuten, besonders wenn Du in der Kommunikation nicht klar bist.

Kommen wir zurück zu dem Sitz. Dein Hund hat nicht reagiert, also musst Du handeln. Stell Dich gerade vor Deinen Hund. Lass ihn vom Tierarzt untersuchen und wenn nötig, behandeln, damit Du sicher sein kannst, dass er keine Beschwerden hat. Gestalte Dein Training einfacher, in dem Du in eine ablenkungsarme Umgebung wechselst. Und ganz einfach: gib ihm das Kommando noch einmal etwas lauter. Die Kommunikation unter Hunden erfolgt fast ausschließlich über die Körpersprache. Das Halten der Rute, wie der andere Hund sich hinstellt, wie er das Gewicht verlagert, sich von einer zur anderen Stelle bewegt oder wie lange der Blickkontakt anhält, sind wichtige Signale, damit ein Hund den anderen einschätzen kann. Wer sich einmal damit beschäftigt, wird schnell erkennen, wie wichtig es ist, die Kommunikation und Körpersprache von Hunden zu lernen.

Hunde nuten viele Kommunikationsmöglichkeiten. Dazu gehören optische, taktile, olfaktorische und akustische Signale. Zu den optischen Signalen gehören die Körperhaltung und Bewegungen. Taktile Signale sind Berührungen. Olfaktorische Signale beschreiben Gerüche. Zu den akustischen Signalen gehören Laute. Letztere werden eingesetzt, wenn Mimik und Gestik nicht mehr ausreichen. Wenn Du die Signale deuten kannst, ist es gar nicht so schwer, was Dein Hund einem anderen Hund oder Dir sagen möchte.

Beim Spazieren gehen machst Du die Leine ab und Dein Hund läuft los. Er trägt dabei die Rute hoch und rennt mit stolz geschwellter Brust durch die Gegend. Zielstrebig werden jedes Grasbüschel, Baum oder Strauch intensiv beschnuppert.

Dein Hund zeigt deutlich, wie er sich selbst sieht und was er glaubt, wie er von seinem Umfeld wahrgenommen wird. Ein ängstlicher oder unsicherer Hund würde sich so nicht präsentieren. Dein Hund strotzt vor Selbstbewusstsein und zeigt das mit jeder Faser von seinem Körper. Die aufrechte Haltung soll keine Zweifel zulassen, dass Dein Vierbeiner richtig vom sozialen Umfeld wahrgenommen wird. Zudem möchte er die Bestätigung für sein Selbstempfinden haben.

Markieren gehört zu den olfaktorischen Signalen. Trifft Dein Hund bei seiner intensiven Schnüffelei auf eine Stelle, die ein anderer Hund markiert hat, wird er darüber selbst markieren. Das Scharren danach ist ebenso wichtig und wird ausgiebig betrieben. Der Geruchssinn ist für die Kommunikation zwischen Hunden ebenso wichtig. Das Urinieren dient nicht nur dem Entleeren der Blase. Durch das Scharren zeigt Dein Hund deutlich, dass er wichtig ist und möchte dadurch den anderen klarmachen, dass dieser Bereich ihm gehört.

Die Bewegung gehört zu den optischen Signalen. Kaum ist Dein Hund mit markieren fertig, kommt ein anderer Hund des Weges. Und dann auch noch genau der, dessen Duftmarken Dein Hund gerade übermarkiert hat. Dein Hund beansprucht das Gebiet aber für sich und fühlt sich durch den anderen Hund gestört und provoziert. Er läuft auf den frechen Übeltäter zu, dabei ist der Rücken gerade, die Rute hochgetragen, die Ohren nach vorne gerichtet und der Gang leicht federnd. Damit sagt er dem Eindringling, „geh weg, hast Du nicht gesehen, dass das hier mein Gebiet ist?"

Dass der andere Hund die gleiche Berechtigung auf den Feldweg oder die Wiese hat und sich in dem Gebiet aufzuhalten, ist Deinem Hund in dem Fall egal.

Die Beschwichtigung gehört zu den optischen Signalen. Der andere Hund reagiert beschwichtigend indem er stehenbleibt, den Kopf ein wenig absenkt und direkten Blickkontakt vermeidet. Er zeigt Deinem Hund ganz deutlich, dass er keinen Streit möchte. Der andere Hund drückt damit keine Angst oder Furcht aus, er möchte einfach nur die Situation entschärfen, die in dem Fall angespannt oder bedrohlich war.

Damit Dein Hund eine Chance hat, Wortsignale zu verstehen, musst Du sie erst aufbauen. Auch wenn Du oft den Eindruck hast, dass Dein Hund jedes Wort versteht, stimmt das nicht. Sie können viel aus der Körpersprache des Menschen herauslesen und sie haben gelernt, den Kontext richtig interpretieren zu können. Damit vermitteln sie den Eindruck, jedes Wort und jeden Satz richtig zu verstehen und entsprechend zu reagieren.

Hunde haben bei der Geburt nicht gleich den menschlichen Wortschatz im Gepäck. Es braucht eine bestimmte Zeit, dass sie sich Wortsignale merken und diese abspeichern. Das ist nötig, damit sie verstehen, dass diese Wörter eine Bedeutung haben und sie mit einem bestimmten Verhalten darauf reagieren sollen.

Fragst Du Deinen Hund jedes Mal vor dem Gassi gehen, „sollen wir rausgehen?", wird er nach einiger Zeit wissen, dass Du Dich anziehst, um mit ihm Gassi zu gehen. Dazu gehört aber auch der Kontext, der dem Hund suggeriert, was als Nächstes passiert. Es kommt auf die Tageszeit an und in welcher Reihenfolge alles geschieht. Dazu kommen Deine Körpersprache sowie Mimik und Tonfall und noch weitere Dinge.

Handelt es sich um ein „richtiges" Signal, sollte Dein Hund auch darauf reagieren, wenn er Dich zwar nicht sieht, das Kommando aber hört. Mach doch einfach mal den Test mit einem Signal, von dem Du sicher bist, dass Dein Hund es gut beherrscht. Lass Deinen Hund in einem Raum und geh Du hinaus. Voraussetzung ist dafür, dass er „bleib" gelernt hat. Soll er sich dann, auch wenn Du nicht im Raum bist, hinsetzen oder hinlegen, sollte eine andere Person beim Hund sein, die Dir sagen kann, ob Dein Hund das macht, was Du ihm sagst. Wenn Du keine andere Person hast, die Dir helfen kann, kannst Du nach einigen Sekunden zurückgehen und schauen, ob den Befehl ausgeführt hat. Der Test ist ebenso mit dem Herrufen möglich. Es kann allerdings sein, dass Dein Hund Dir einfach nur folgen möchte, wenn Du aus dem Raum gehst. Versuche den Rückruf also nochmal unter leichter Ablenkung oder in einem Moment, in dem der Hund davon völlig überrascht wird.

Für alle Übungen natürlich kräftig loben und belohnen, wenn der Hund die Signale gut umgesetzt hat. Euer Training war bis dahin schon sehr gut. Wenn es noch nicht so gut geklappt hat, nicht traurig sein, dann nimm das zum Anlass, um weiter zu üben.

Einige Fehler beim Lernen der Signalgebung sind vom Menschen gemacht. Es passiert vielen Hundehaltern, dass sie ein Lockmittel einbauen, dass sich dann so schnell nicht mehr ändern lässt. Der Hund soll ins „Platz" gehen. Er sitzt vor seinem Menschen und soll sich hinlegen. Der Mensch hat ein Leckerchen in der Hand und wiederholt das Kommando „Platz" immer und immer wieder. Legt sich der Hund hin, bekommt er den Keks. In den meisten Fällen legt sich der Hund ohne Leckerli nicht hin. Das bedeutet aber auch, dass das Leckerchen Bestandteil des Signals ist. Ohne Leckerli hat weder das Signal noch das Sichtzeichen eine Bedeutung für den Hund.

In manchen Fällen macht der Hund auch ohne Belohnung brav Platz. Die Wiederholung folgt öfter und auch im Alltag. Allerdings ist das Signal im Gehirn noch nicht verknüpft und sehr instabil. Im Alltag unter Ablenkung kann der Hund das Signal nicht deuten und wird nicht reagieren. Wenn der Hund gerade etwas ganz anderes macht, bringt es nichts, das Signal immer wieder zu wiederholen. Er kann keine Verknüpfung zwischen Signal und gewünschtem Verhalten herstellen. Er weiß nichts mit dem Signal anzufangen, wenn er gerade Ball spielt oder einem Vogel nachschaut.

Es gibt keine genaue Anleitung für den Aufbau von Signalen. Alle Hunde lernen unterschiedlich und jedes Signal soll ein erwünschtes Verhalten hervorrufen. Das Training dafür ist verschieden, daher kommt es immer auf das Signal und den Hund an. Für Dich ist es wichtig zu verstehen, dass Hunde nicht einfach ein Wort hören und wissen, was Du von ihnen möchtest. Du darfst den Hund keinesfalls strafen, weil Du glaubst, er kennt das Signal und weiß, was er machen soll. Ein guter Weg Signale zu lernen ist über positive Verstärkung. Arbeite in kleinen Schritten und belohne den Hund für das gewünschte Verhalten. Habe dabei Geduld. Wenn es dreimal klappt, heißt das noch nicht, dass der Hund das Signal komplett verinnerlicht hat. Und bedenke immer, der Hund macht etwas nicht, weil er Dich ärgern möchte.

In dem Moment kann er das Signal vielleicht gerade nicht ausführen, weil es vielleicht doch noch nicht so gut sitzt und zu schwer ist. Damit der Hund das Signal verknüpfen kann, ist dafür eine positive Stimmung nötig. Belohne ihn, wenn er das gewünschte Verhalten gezeigt hat. Du kannst Deinem Hund mit Sichtzeichen helfen, das Wortsignal zu unterstützen. Übe im ersten Schritt das Sichtzeichen. Beispielsweise den erhobenen Zeigefinger für „Sitz". Klappt das sicher, nimm das Kommando „Sitz" dazu.

Und hier kommt zuerst „Sitz" und dann der Zeigefinger. Der Hund wird eine Verknüpfung herstellen, auch wenn er mit dem Wort zu Beginn nichts anfangen kann. Er wird nach einiger Zeit verstehen, dass die Reaktion auf das Wortsignal ebenso zur Belohnung führt. Hast Du ein gutes Timing und belohnst im richtigen Moment, ist das Sichtzeichen bald überflüssig und Dein Hund setzt sich hin, sobald er das Signal hört.

Du kannst auch ein Signal aufbauen, indem Du ein Verhalten nutzt, dass der Hund von sich aus anbietet. Beim Spaziergang bleibt Dein Hund öfter mal stehen, um zu schnüffeln. Du kannst oft schon sehen, wann er stehen bleibt. Nutze den Moment kurz vor dem stehenbleiben und sage „Halt". Wenn er stehen bleibt, belohne ihn. Wenn Du das öfter machst, wird er die Verknüpfung herstellen. Er wird auf Dein „Halt" dann auch reagieren, wenn Du es möchtest und nicht nur, weil er ohnehin gerade stehenbleiben wollte. Du kannst Dir hierbei zunutze machen, dass Du nur das Signal kurz vor das Verhalten setzen musst, dass der Hund ohnehin gleich zeigt. Da er genau das tut, was er tut, kann er das Signal auch gleich verknüpfen. Würdest Du das neue Signal für etwas benutzen, während der Hund etwas ganz anderes macht, gibt es keine Verknüpfung. Würdest Du Dein „Halt" benutzen, während er nach einer Maus buddelt, würde er mit „Halt" nach Mäusen graben verknüpfen.

Überlege Dir genau, wie Du Deinem Hund ein Signal vermitteln kannst und er es sicher umsetzt, wenn Du ihm den Befehl gibst. Es ist menschlich zu denken, das ist doch völlig unlogisch. Warum ein Verhalten ohne Signal hervorrufen? Da kann der Hund doch gar nicht wissen, was ich von ihm will. Da Du aber mittlerweile gelernt hast, dass Hunde Worte erst lernen müssen, wie Du eine Fremdsprache lernen müsstest und als Vokabeln abspeichern, muss die Verknüpfung erfolgen. Nur wenn die Verknüpfung da ist, kann Dein Hund das gewünschte Verhalten auf das Signal zeigen.

Dein Hund soll „bei Fuß" laufen. Würdest Du ihm jetzt das Kommando dafür geben, an der Leine ziehen, bis er in der Position neben Dir ist und losgehen, hätte er damit eine sehr unangenehme Situation. Er kennt das Kommando nicht und kann damit nichts anfangen. Baue es also langsam auf. Lerne ihm sofort die richtige Position und belohne ihn dafür.

Die positive Bestätigung sorgt für ein gutes Gefühl bei Deinem Hund und wird dafür sorgen, dass er die Übung gerne macht. Je klarer Du Deinem Hund kommunizierst, was Du von ihm erwartest, umso leichter wird er die Übung lernen. Wenn Dein Hund „bei Fuß" laufen soll, belohnst Du wirklich nur die exakte Position neben Dir. Gilt seine Aufmerksamkeit etwas anderem, er schnüffelt, läuft vor oder hinter Dir oder schaut in der Gegend herum, gibt es keine Bestätigung. Überlege Dir dazu Sichtzeichen. Du kannst an Dein Bein klopfen oder Deine Hand als Begrenzung nach vorne nutzen. Dein Hund wird es zu Beginn für zwei, drei Schritte schaffen konzentriert „bei Fuß" zu laufen. Erst wenn das sicher klappt, kommt das Wortsignal dazu. Also, Wortsignal, Sichtzeichen und los geht's. Belohnen nicht vergessen. Nutze auf jeden Fall das Sichtzeichen noch dazu, da Dein Hund nichts mit dem Wortsignal anfangen kann.

Du musst Deine Kommandos nicht in scharfem Ton anbringen oder schreien. Dein Hund soll ja nicht erschrecken oder gar Angst bekommen. Leider ist der Kasernenhofton noch in manchen Hundeschulen an der Tagesordnung. Es hat sich aber zum Glück bei den meisten herumgesprochen, dass genau das nicht nötig ist. Ein freundlicher Umgang und Umgangston mit dem Hund sind wichtig für die sichere Umsetzung der Signale. Es hilft nichts, wenn der Hund die Signale nur ausführt, weil er Angst vor der Strafe hat, wenn er es nicht macht. Über positive Verstärkung erreichst Du wesentlich mehr. Du übst und übst und alles ist prima und auf einmal klappt gar nichts mehr. Warum das? Ist Dein Hund ein Junghund, kann es sein, dass er sich gerade körperlich verändert.

Das beutet Stress für ihn. Im Gehirn folgt ein Um- und Abbau von gelernten. Manche Verknüpfungen sind dann gerade nicht mehr da. Hier darfst Du keinesfalls strafen. Dein Hund würde es richtig machen, wenn er könnte. Er kann es in der Zeit nur einfach nicht. Diese sogenannten „Flegelphasen" erfordern vom Menschen sehr viel Geduld. Es scheint, als ob die Hunde in den Phasen alles vergessen haben. Aber sei Dir gewiss, das Wissen ist noch da und kommt zurück, sobald die Phase überstanden ist.

Bei erwachsenen Hunden kann es auch sein, dass sie scheinbar gelerntes auf einmal nicht mehr machen. Das kann daran liegen, dass die Verknüpfung doch nicht so gefestigt ist, wie Du glaubst. Für Deinen Hund ist gerade etwas viel Interessanteres in der Gegend. Auch hier sind viel Geduld und Übung gefragt. Und jede Menge Leckerchen. Übe neue Signale ohne Ablenkung und steigere diese nach und nach. Machst Du das nicht und Du und Dein Hund seid in einer anderen Gegend, wird er das Kommando nicht mehr sicher ausführen, weil er es nicht unter Ablenkung gelernt hat. Möchtest Du es dann aber durchsetzen, führt das zu Stress auf beiden Seiten. Damit klappt es dann gleich noch weniger. Übe also alle Signale unter verschiedenen Ablenkungen, die Du aber langsam steigerst.

Kaubedürfnis

Hunde haben von Natur aus ein Kaubedürfnis. Es gibt ihnen ein gutes Gefühl und sie bauen Stress ab. „Kauen beruhigt die Nerven" ist immer wieder unter Hundemenschen zu hören. Du solltest es Deinem Hund auch nicht generell verbieten, da das bei ihm Stress auslöst. Natürlich kommt es darauf an, auf oder an was der Hund kaut. Das Kauen kann bei Hunden auf Stress hindeuten. Mangelnde Auslastung, Trennungsschmerz oder Stress durch das Zusammenleben mit anderen Tieren im Haushalt können Auslöser sein. Viele Hunde nutzen zum Kauen alles Mögliche, auch Dinge, die der Mensch nicht gut findet. Das können Möbel, Schuhe, Stofftiere und viele weitere Dinge sein. Du solltest Deinem Hund das Kaubedürfnis zugestehen. Gib ihm dafür Dinge, auf denen er kauen darf.

Im Handel gibt es jede Menge Kauartikel, mit denen die Hunde mehr oder weniger lange beschäftigt sind. Sie sollten natürlich immer im Verhältnis zum Hund stehen. Wenn Dein Hund regelmäßig Kauartikel bekommt, dann bedenke das bei der Fütterung. Es gibt Kauartikel mittlerweile von Rind, Schaf, Ziege, Fisch, Wild, Strauß, Pferd und weiteren Tieren. Welche Du fütterst, kommt auf die Vorlieben und Verträglichkeit von Deinem Hund an. Es gibt auch Kauwurzeln und Stücke vom abgeworfenen Hirschgeweih. Damit sind Hunde sehr lange beschäftigt.

Wenn Du Kausachen selbst machen möchtest, kannst Du beispielsweise alte Handtücher oder abgeschnittene Beine einer Jeans verwenden. Mach in die Mitte einen Knoten und schon hat Dein Hund ein prima Kaustück. Achte nur darauf, dass er nicht anfängt, den Stoff aufzudröseln und einzelne Fäden herauszieht, die er dann verschluckt. Das könnte im schlimmsten Fall zu einer Magendrehung oder Darmverschlingung führen. Du kannst ihm natürlich auch ein Stück unbehandeltes Holz in Form von einem Ast geben.

Hier besteht allerdings eine nicht unerhebliche Verletzungsgefahr, wenn Dein Hund damit herumläuft.

Ist der Ast recht lang, kann er sich aufstellen und rammt sich in den Kiefer des Hundes. Das hat bei einigen Hunden schon zum Tod geführt, daher ist hier wirklich Vorsicht geboten. Je nachdem wie exzessiv Dein Hund kaut und Sachen zerlegt, solltest Du ihm Kauartikel geben, die wirklich unschädlich für ihn sind.

Kapitel 1: Hütchenspiele

Verschiedene Leckerliverstecke

Joghurtbecher und Blumentöpfe sind super für das Hütchenspiel geeignet. Statt sie in den Abfall oder Wertstoffhof zu bringen, können sie ein super Spielzeug für den Hund werden. Paletten, in denen mehrere Blumentöpfe stehen können, sind ebenso prima geeignet. Sie können kostenlos in Bau- und Gartenmärkten mitgenommen werden. Die Märkte würde sie ohnehin nur entsorgen. Je nach Größe des Hundes sollten die passenden Becher ausgesucht werden. Unter den Bechern werden Leckerchen versteckt, die der Hund durch Umschubsen des Bechers oder durch Anheben, ergattern kann.

Mit flachen Paletten und großen Öffnungen tun sich die Hunde am Anfang leichter. Zu Beginn, um den Hund an das Spiel heranzuführen, sollte nur ein Becher zum Einsatz kommen. Dieser wird leicht gekippt in eine der Paletten Öffnungen gesteckt. Der Hund kann damit das Leckerchen leicht erreichen, selbst wenn er den Becher nur ein wenig auf die Seite schiebt.

Die Grundlage der Hütchenspiele

Um dem Hund das Hütchenspiel schmackhaft zu machen und als Grundlage für alle Hütchenspiele braucht es eine Wolldecke mit Falten. Die Becher fallen darauf besonders gut um. Dazu kommt erst einmal nur ein einziger Becher. Ein Leckerchen wird auf die Decke gelegt und die Becherkante auf das Leckerchen gestellt. Dass das Leckerchen ganz unter dem Becher verschwindet kommt erst mit der Zeit. Jetzt die Decke allmählich etwas glatter ziehen. Meistert der Hund die Aufgabe, können mehrere Becher dazu kommen.

Alternativ kann sich auch die Unterlagen ändern. Statt der Decke kann auf dem Fußboden mit Fliesen oder Laminat gespielt werden. Zu Beginn sollten kurze Spieleinheiten gewählt werden. Nach zwei bis drei Minuten ist eine Pause angesagt. Das hört sich sehr wenig an. Wenn der Hund die Aufgabe aber noch nicht kennt, braucht er die Pause aber dennoch.

Hochstapler

Die Becher werden bei dem Spiel übereinander in die Höhe gestapelt. Der Hund wirft sie mit einem Krachen um. Für Hunde kann das eine echte Mutprobe sein. Besonders bei Geräuschempfindlichen Hunden ist darauf zu achten, dass sie nicht erschrecken. Hunde, die sehr auf Geräusche reagieren, sollten als erstes einen Stapel aus Klopapierrollen bekommen. Diese machen nicht viel Lärm, wenn sie umfallen. Es eignen sich ebenso Stapelbecher, Joghurtbecher, Eimer oder auch Schüsseln.

Es ist hier ganz wichtig, den Hund nicht zu überfordern. Die Stapel sollten langsam in die Höhe steigen. Ein hoher Turm, der gleich beim ersten Mal umfällt, könnte dem Hund so einen Schrecken einjagen, dass er überhaupt nicht mehr mit dem Material in Kontakt kommen möchte. Selbst wenn es auf dem Boden steht. Zu Beginn ist ein weicher Untergrund sehr gut geeignet. Stürzt der Turm ein, gibt es zu Beginn kaum Geräusche. Es sollte nicht mehr als mit zwei Bechern übereinander gestartet werden. Findet Hund Freude daran, den Turm umzuwerfen, und das mehrmals, kann der dritte Becher folgen. So wird langsam nach und nach in die Höhe gestapelt. In jeden Becher bzw. jede Ebene kommt ein Leckerchen. Bei der Höhe des Turms sollte auf die Größe des Hundes geachtet werden.

Beim Aufbau des Turms sollte der Hund mit ein wenig Abstand zusehen. Er soll sich von sich aus bewusst entscheiden, dass er den Turm umwerfen möchte.

Steht er zu dicht während dem Aufbau davor, könnte er ihn aus Versehen umwerfen und dadurch eventuell furchtbar erschrecken. Die Übung lässt sich gut mit dem Kommando „Warte" verbinden. Hat der Hund warten noch nicht gelernt, können ein oder zwei Leckerchen helfen, die einfach in den Raum geworfen werden und der Hund sie suchen darf.

Der Baubegeisterung des Menschen sind hier fast keine Grenzen gesetzt. Wer nicht nur in die Höhe stapeln möchte, kann die Becher zu einer Pyramide aufstellen. Eine andere Möglichkeit wäre eine Mauer. Die kann der Hund allerdings meist nicht mit einem Stoß umwerfen.

Die Becher stehen beim Hochstapler mit der Öffnung nach oben. Anders als bei den anderen Spielen. Der Hund muss also nicht nur den Becher umwerfen, sondern ihn auch so schubsen, dass er an das Futter drankommt.

Variationen

Für die Hütchenspiele eignen sich alle möglichen Gegenstände. Um dem Hund Abwechslung zu bieten, können andere Gegenstände mit anderen Standflächen zum Einsatz kommen. Statt Bechern können Eimer oder kleine Kartons verwendet werden. Durch die Variationen muss der Hund immer wieder neu überlegen und sich anstrengen die Aufgabe erfolgreich zu lösen zu können. Mal kann das Leckerchen in eine aufgestellte Klopapierrolle oder unter einen Karton.

Das nächste Mal ist es ein Eimer oder eine Schüssel. Je nach Durchhaltevermögen des Hundes und wie schnell er die Aufgabe versteht, solltest Du ihm Zeit lassen und das Spiel in mehrere kleine Schritte zerlegen.

CD-Spindel

Die Spindel ist für Hunde gut geeignet, die schon sehr weit im Training sind und Erfahrung mit Denksport haben. Sie sollten zudem keine Rabauken sein. Die CD-Spindel soll über einen Hebel aufgedreht werden, damit das Leckerchen im Inneren der Spindel erreichbar wird.

Es braucht dafür eine CD-Box in der Rohlinge aufbewahrt werden. Diese Boxen lassen sich durch aufdrehen öffnen. Hier wird ein Loch an der Seite hineingebohrt. Jetzt ein Essstäbchen hineinstecken. In dem Fall hat sich ein Kunststoffstäbchen bewährt, da es wesentlich robuster und stabiler ist. Das Essstäbchen muss bis etwas mehr als in die Mitte der Spindel gesteckt werden. Um die Konstruktion stabil zu machen sollte sie auf ein Brett geschraubt werden. Wenn der Mensch das Spiel festhalten muss, können die Hände doch sehr darunter leiden. Ist die Spindel auf einem Brett, kann das Brett mit dem Fuß oder der Hand festgehalten werden, ohne dass der Mensch Schaden nimmt. Damit der Hund sich nicht verletzten kann, sollten die Schrauben in der Spindel überdeckt werden. Das geht beispielsweise mit etwas Schaumstoff. Oder mit Abdeckkappen, wie sie aus Schränken bekannt sind.

Für den Hund ist das Lösen der Aufgabe gar nicht so einfach. Selbst erfahrene und trainierte Hunde brauchen einige Zeit, um herauszufinden, dass sie das Stäbchen brauchen, um den Drehmechanismus betätigen zu können. Hier muss der Mensch viel bestätigen und den noch so kleinsten Schritt loben. Hunde, die geklickert werden, können hier gut mit dem Clicker bestätigt werden.

Hunde-Schleck aus Eis-Röhrchen

Das Eis Ed von Schleck kennt wahrscheinlich jeder noch. Das Eis wird mittels einem Schieber Stück für Stück aus dem Röhrchen befördert. Es braucht also entweder ein Ed von Schleck Eis oder ein Plastikröhrchen, an dem sich ein Schieber befestigen lässt. Hier kommt sehr viel Tesafilm zum Einsatz. Um den Schieber nachzubauen kann an einer Stange ein Deckel einer Filmrolle oder ein Plastikdeckel einer Dose zum Einsatz kommen. Dieser muss wirklich sehr gut verklebt werden.

Natürlich wird die Konstruktion nicht ewig halten und wahrscheinlich auch keinen Schönheitswettbewerb gewinnen. Aber sie erfüllt ihre Funktion und bietet dem Hund eine Menge Spaß. Der Hund muss den Schieber in dem Röhrchen so weit nach oben schieben, dass der begehrte Keks herausfällt. Das Röhrchen kann zu Beginn der Einfachheit halber auch waagrecht gehalten werden. Der Mensch kann dem Hund helfen, indem er zu Beginn den Schieber schon weiter in das Röhrchen schiebt, damit der Hund nur noch ein kleines Stückchen schieben muss, damit der Keks herausfällt. Wenn der Hund das Prinzip verstanden hat, kann der Schieber immer weiter am Beginn des Röhrchens angesetzt werden. Das Spiel ist auch eher für schon etwas erfahrenere Hunde geeignet und weniger für Rabauken, die ihr Spielzeug gerne schreddern.

Schieber mit Tablettenrolle

Es braucht eine leere Packung von Multivitamin- oder Calcium-Tabletten. Und eine Papprolle einer Küchentuchrolle, die auf die Länge der Tablettenrolle abgeschnitten wird. Um den Hund an die Aufgabe heranzuführen, sollte der Mensch zu Beginn helfen und die Rolle so halten, dass direkt ein Keks rausfällt, wenn der Hund mit der Nase das Röhrchen berührt. Dafür die Rolle einfach leicht Richtung Boden neigen. Durch das Anschnuppern wird der Schieber leicht bewegt und ein Leckerchen fällt heraus.

Frolic an der Stange

Für die Aufgabe werden Leckerchen in Ringform, wie sie von Frolic bekannt sind, benötigt. Es ist zu überlegen, ob das Spiel für Hunde zum Einsatz kommt, die sehr wild und ungestüm sind. Sie könnten sich dabei verletzten. Daher sollten die Fellnasen hier vorsichtig agieren. Die ringförmigen Leckerli werden an einer Stange aufgefädelt. Die Stange steht senkrecht nach oben. Der Hund muss also einen Ring nach dem anderen vorsichtig mit der Schnauze nach oben schieben.

Am besten eignet sich ein Chinesisches Essstäbchen aus Kunststoff. In dem Fall ist Kunststoff besser, weil es robuster ist als Holz und leichter gereinigt werden kann. Weiter ist ein Plastikdeckel nötig, beispielsweise von einer Dose. Dazu kommen noch eine Unterlage und Klebeband. In den Deckel in der Mitte ein Loch bohren. Das Essstäbchen von unten durchführen und mit Sekundenkleber festkleben. Anschließend die Konstruktion mit Klebeband auf einer Unterlage fixieren. Die Leckerchen auffädeln und schon kann das Training beginnen.

Du kannst Deinen Hund sicher gut einschätzen wie ungestüm er zu Werke geht. Wenn Du weißt, dass er sehr rabiat ist, solltest Du genau überlegen, ob es das richtige für Deinen Hund ist. Er könnte sich, wenn er sehr wild ist, ernsthaft an dem hochstehenden Stab verletzen.

Klopapierrollen müssen an die Leine

Es braucht dafür mehrere Papprollen vom Klopapier und eine Hundeleine. Die Rollen auf die Leine fädeln und sie dem Hund ziemlich straff vor der Nase aufhängen. Dazu eignet sich ein Regal auf der einen Seite, auf der anderen der Besitzer oder zwei Menschen.

In eine oder mehrere Rollen kommen die Leckerli. Sie brauchen umso länger, um herauszufallen, umso flacher sie sind. Der Hund muss die Rollen auseinanderschieben, damit die Leckerli herausfallen. Er kann dafür die Pfote oder die Schnauze verwenden. Hier sollte auch wieder mit einer leichteren Variante mit nur einer Rolle begonnen werden.

Eine Abwandlung wäre statt der Leine einen Stock zu verwenden. Um die Schwierigkeit zu erhöhen, können die Leckerchen in Packpapier eingewickelt werden. Der Stock lässt sich auch aufstellen, was die Schwierigkeit erhöht. Hier ist unbedingt darauf zu achten, dass der Hund sich am Stock nicht verletzen kann. Je nach Hund ist es spannend zu beobachten, welche Technik er verwendet, um die Rollen zu verschieben. Oder ob er gar rabiat versucht, sie statt zu schieben, einfach herunterzubeißen.

Schubladen auf

Ein Kästchen oder ein kleines Schränkchen, das über mehrere Schubladen verfügt ist ebenso ein perfektes Leckerliversteck. Die Schubladen sollten so beschaffen sein, dass der Hund sie gut mit der Schnauze aufziehen kann. Ungestüme Vertreter werden auch versuchen, die Pfote zu benutzen. Zu Beginn kann dem Hund geholfen werden, indem die erste Schublade ein klein wenig offensteht. Der Hund wird sie in dem Fall leichter öffnen können. Mit der Zeit kann die Schublade immer weiter geschlossen werden. Jeder noch so kleine Schritt in die richtige Richtung sollte belohnt werden. Das Kästchen sollte einen festen Stand haben, damit es nicht umfallen kann, auch wenn der Hund etwas energischer versucht an die Leckerei zu kommen.

Glücksspiel für Hunde

Hier braucht es als erstes handwerkliches Geschick der Menschen. Hergestellt werden soll eine Drehscheibe, die der Hund solange verschieben muss, bis er die versteckten Leckerchen alle gefunden hat.

Benötigt werden ein großer Holzbohrer, dazu kommen eine größere Lochsäge oder ein Topfband. Als Grundlade eignen sich runde Holzbretter. Sie sollten die gleiche Größe haben. In das erste Brett werden mit der Lochsäge Löcher gebohrt. Platziere die Löcher am Rand entlang. Die Größe der Löcher sollte an die Hundeschnauze angepasst sein, so dass der Hund die Leckerli gut aus den Löchern fischen kann. Eins von den Löchern überträgst Du auf das zweite Brett. Nutze dafür das erste Brett als Schablone. Verschraube jetzt das Brett mit den Löchern und das unversehrte dritte Brett fest miteinander. Jetzt hast Du das fast fertige Unterteil vor Dir.

Säge jetzt im zweiten Brett das Loch aus, das Du vorher angezeichnet hast. Mach ein Bohrloch in die Mitte vom Brett. Markiere auf dem Unterteil ebenfalls das Loch in der Mitte. Bohr in das Unterteil so tief hinein, dass Du die Schraube versenken kannst. Ihr könnt auch eine so genannte „Chicago-Schraube" verwenden. Diese Schrauben gibt es im Internet, meist im Reitsportbedarf oder Zubehör für Leder. Steckt in das obere Teil des Spielzeugs die Hülse und von unten die Schraube durch das Unterteil. Verschraubt dann die Schraube miteinander. Das hat den großen Vorteil, dass Ihr das Spielzeug auseinandernehmen könnt, um es richtig sauber zu machen. Natürlich kannst Du die Bretter aber auch fest miteinander verschrauben.

In das Brett mit den Löchern kommen die Leckerchen. Der Hund muss das Brett mit dem einen Loch so verschieben, dass es über einem der anderen Löcher stehen bleibt und er das Leckerchen rausnehmen kann.

Kapitel 2: Spiele für drinnen

In Gartencentern und Baumärkten kann man die Paletten der Blumentöpfe meist kostenlos mitnehmen, da sie dort in der Regel entsorgt werden. Es gibt verschiedene Möglichkeiten der Verwendung. Entweder kommt die Palette gleich so, wie sie ist, zum Einsatz. Oder aber sie wird ein wenig modifiziert. Sie kann entweder in eine Kiste oder einen Karton geklebt werden oder auf ein Holzbrett. Damit wird das Ganze etwas standfester. Unter das Brett kannst Du etwas kleben, dass das Wegrutschen verhindert. Dafür eignen sich die Gummibänder, die zum Einkochen verwendet werden, eine Anti-Rutschmatte oder eine Korkfaserfußmatte.

In eine der Mulden der Palette kommt ein Keks und darauf ein Ball, der der Größe des Palettenlochs angepasst sein sollte. Der Ball muss vom Hund durch wegschubsen oder aufheben entfernt werden. Anders kommt der Vierbeiner nicht an das begehrte Leckerchen. Beginne hier auch wieder mit nur einer Mulde und steigere es nach und nach mehrere Mulden zu befüllen. Du kannst für die Löcher verschieden große Bälle verwenden. Als Alternative kannst Du auch Papier zu einem Ball zerknüllen oder alte Socken verknoten und diese als Abdeckung nutzen.

Blumenroller

Wenn Du denkst, ein Blumenroller ist nur dafür geeignet, einen Blumentopf darauf zu stellen, täuschst Du Dich gewaltig. Nimm den Topf herunter und platziere ein Leckerli unter dem Blumenroller. Wie lange wird Dein Hund wohl brauchen, um zu erkennen, dass er den begehrten Keks nur erreicht, wenn er den Roller auf die Seite schiebt?

Tut sich Dein Vierbeiner etwas schwer mit der Aufgabe, leg ihm das Leckerchen zu Beginn ganz an den Rand vom Blumenroller. Anschließend wird der Keks Stückchen für Stückchen weiter in die Mitte geschoben. Ist Dein Hund besonders fix, kannst Du den Schwierigkeitsgrad erhöhen, wenn Du einen flachen Karton nimmst, der nur ein wenig breiter sein soll als der Blumenroller. Lege den Karton unter den Blumenroller.

Cola für den Hund?

Nein, auf keinen Fall. Aber Colaflaschen. Oder andere Plastikflaschen mit einer etwas größeren Öffnung. Dazu brauchst Du noch Holz, um ein Gestell bauen zu können. Am besten verwendest Du hier ein Brett als Unterlage, zwei Leisten als Ständer und einen runden Holzstab, um darauf die Flaschen aufzufädeln. Achte darauf, dass das Holzbrett und der Holzstab ungefähr die gleiche Länge haben, damit wird der Zusammenbau einfacher. Mache in die beiden Leisten ein Stück unter dem oberen Rand ein Loch, in das der Holzstab passt. Schraube anschließend die beiden Leisten an das Brett. Das Loch für den Holzstab muss oben sein. Die Konstruktion sollte so stabil wie möglich stehen, damit der Hund sie nicht umwerfen, erschrecken oder sich gar verletzten kann.

Bohre in die Flaschen Löcher auf beide Seiten, so dass Du den Holzstab durchstecken kannst. Füge anschließend den Holzstab zwischen die beiden Leisten und befestige ihn auf beiden Seiten. Die Flaschen hängen in der Mitte vom Holzstab herunter. Du solltest die Flaschen nicht zu weit oben anbohren, da sie dann nicht so gut kippen können. Sie sollten sich aber dennoch nicht von alleine drehen, so dass die Kekse gleich wieder herausfallen. Wähle ungefähr die Mitte, um das Loch zu bohren. Die Deckel der Flaschen werden natürlich abgeschraubt. Fülle in die Flaschen Leckerchen. Der Hund muss die Flaschen mit der Nase anstupsen und sie zum umkippen bringen, damit das Lecker herausfällt.

Auch hier kannst Du den Hund wieder Schritt für Schritt heranführen. Jedes leichte Anstupfen wird schon belohnt.

Kartons

Kartons lassen sich auf vielfältige Weise öffnen. Manche haben einen Deckel, der einfach nur hochgeklappt wird. Bei anderen muss der Deckel abgenommen werden. Für Hunde können daraus prima Denksportaufgaben werden.

Lege ein Leckerli in einen Karton und mach den Deckel zu. Am Anfang verschließe den Deckel noch nicht ganz. Lass einen kleinen Spalt, damit der Hund leicht an den Keks kommt und versteht, was Du von ihm möchtest. Mach den Deckel nach und nach weiter zu, für den Hund wird es damit etwas anstrengender das Futterstück zu erreichen.

Ein prima Hunde Denksportspiel sind Kartons von Waschmittel oder Spülmaschinentabs. Bei den Boxen muss der Deckel einfach nur hochgeklappt werden. Wenn Du solche Kartons verwendest, achte aber immer darauf, dass keine Rückstände vom Spülmittel vorhanden sind. Andernfalls solltest Du den Karton mit Papier gut auskleiden. Die Sicherheit des Hundes steht immer an oberster Stelle.

Um die Schwierigkeit zu erhöhen, kann die Schachtel kleiner werden. Der Hund muss sehr genau arbeiten, wenn er beispielsweise ein Leckerchen aus einer Halsbonbon-Schachtel herausbekommen möchte. Wichtig ist, die Schachtel gut festzuhalten. Der Hund kann auf diese Weise den Mechanismus erkunden, ohne dabei die Schachtel zu zerstören.

Geruchssinn trainieren und verfeinern

In diesem Spiel kannst Du die Konzentration und den Geruchssinn Deines Hundes enorm fordern und fördern. Er lernt seinen Geruchssinn zu trainieren und zu verfeinern, indem er lernt Gerüche voneinander zu unterscheiden. Nutze dafür verschiedene Teesorten, mit unterschiedlichem Geruch. Suche Dir eine bestimmte Sorte aus, beispielsweise den Hagebuttentee.

Halte Deinem Hund den Hagebuttentee vor die Nase, dass er daran schnüffelt. Bestätige ihn mit einem Lob oder dem Clicker und gib ihm ein Leckerli. Wiederhole den Vorgang, bis der Hund verstanden hat, Hagebuttentee = Belohnung.

Lege im zweiten Schritt zwei Teebeutel nebeneinander. Dein Hund sollte jetzt den Hagebuttentee erkennen. Du musst ihn direkt mit Lob oder Klick und Leckerchen bestätigen, wenn er das geschafft hat. Klappt das noch nicht, gehst Du einen Schritt zurück und übst erst wieder mit dem Hagebuttentee alleine. Steigere Deine Übung nach und nach, indem Du weitere Teesorten dazu nimmst. Hab Geduld falls Dein Hund etwas länger braucht. Falls er versucht den Teebeutel aufzunehmen oder hineinzubeißen, kannst Du Dir kleine Geruchsdosen zulegen. Sie haben im Deckel ein Loch und sind speziell für die Geruchsdifferenzierung und das Training.

Du kannst den Schwierigkeitsgrad mit der Zeit weiter steigern. Verteile die verschiedenen Teesorten auf einer größeren Fläche und der Hund muss den Hagebuttentee suchen. Du kannst auch den Hagebuttentee ein wenig verstecken. Lobe ihn überschwänglich und belohn ihn, wenn die Aufgabe gemeistert hat.

Trickdogs

Mit Trickdogging kannst Du Deinen Hund geistig fordern und Besucher immer wieder belustigen und überraschen. Hilfsmittel sind beim Trickdogging ein Targetstick und ein Clicker. Natürlich kannst Du auch ohne die beiden Hilfsmittel anfangen Deinem Hund Tricks zu lernen. Beim Targetstick handelt es sich um einen einfachen Zeigestab. Dafür kannst Du auch einen Blumenstab verwenden, wenn er eine gute Länge hat. Das Lernen von Kunststückchen sollte immer ohne Zwang und mit viel Spaß verbunden sein. Der Hund braucht dafür viel Konzentration, er wird also auch deutlich mehr ausgelastet als mit einfachen Spielen.

Du wirst merken, dass er durch das Tricktraining ausgeglichener und insgesamt aufmerksamer und folgsamer wird. Überfordere ihn nicht und gib ihm genug Zeit das Gelernte zu verinnerlichen. Hier brauchst auch Du viel Geduld. Übe komplexe Aufgaben in kleinen Einzelschritten. Erst wenn ein Schritt sicher sitzt, kannst Du Dich an den nächsten wagen. So verhinderst Du, dass der Hund frustriert wird und die Lust verliert. Motiviere ihn immer wieder auf's Neue und geh im Zweifelsfall einen Schritt zurück, wenn der erste noch nicht so sicher klappt.

Trickdogging kannst Du jederzeit, ob draußen oder drinnen, üben. Vorteil ist, dass Du bei schlechtem Wetter ganz einfach in der Wohnung üben kannst. Du kannst verschiedene Tricks miteinander kombinieren, und Dir so eine kleine Zirkusnummer aufbauen. Variiere die Tricks aber. Dein Hund merkt sie sich und spult das Programm unter Umständen von allein ab. Achte darauf, dass die Tricks sauber ausgeführt werden. Manche Hunde neigen dazu, alles auf einmal anzubieten, was sie gelernt haben, weil sie zu ungeduldig sind. Dafür solltest Du nicht schimpfen, aber auch nicht belohnen. Bring den Hund zur Ruhe und fang neu an. Wenn er den ersten Schritt richtig macht, belohne und lob ihn. Mach dann erst weiter.

Hast du hingegen einen Hund der sehr faul ist oder in manchen Übungen keinen Sinn sieht, zwing ihn nicht dazu. Versuche dann eine andere Übung, die ihm vielleicht mehr liegt. Nicht alle Hunde sind für den Zirkus geboren.

Beachte dabei immer die körperlichen Gegebenheiten Deines Hundes und ob er alle Übungen schmerzfrei ausführen kann. Manch Übungen könnten dem Hund schwerfallen, wenn er körperliche Einschränkungen hat.

Anfängerübungen

Pfote geben

Das Pfote geben kann sehr nützlich sein. Besonders, wenn Du Deinem Hund die Pfoten nach dem Spazierengehen abtrocknen oder sie untersuchen möchtest. Dafür solltest Du den Hund vor Dir sitzen lassen. Zeige auf eine Pfote und gib ihm das Kommando „Pfote" oder „Pfötchen". Wenn Dich Dein Hund nur verständnislos anschaut, kannst Du auch die Pfote in die Hand nehmen und anheben. Gib ihm dazu das Kommando und lobe und belohne ihn. Er wird nach kurzer Zeit verstanden haben, dass er bei dem Kommando die Pfote geben soll. Übe mit beiden Vorderpfoten nacheinander, damit der Hund lernt, die Pfote zu geben, auf die Du zeigst.

Eine andere Möglichkeit ist, ein Leckerchen in eine Hand zu nehmen und die Hand zu verschließen. Versucht der Hund Deine Hand mit seiner Pfote zu öffnen, lobe und belohne ihn. Hat er das verstanden, nimm das Leckerli in die andere Hand und biete Deinem Hund die Hand ohne Leckerchen mit offener Handfläche an. Wenn er seine Pfote dahineinlegt, belohne und lobe ihn. Je nachdem wie ungestüm Dein Hund ist, kann allerdings auf diese Weise Deine Hand etwas unter dem Pfoteneinsatz leiden. Die Krallen an der Hundepfote können ziemliche Kratzer hinterlassen.

Pfote kreuzen

Wenn Dein Hund schon Pfote geben kann, ist es relativ einfach, ihm das Pfote kreuzen zu lernen. Das Kommando könnte beispielsweise „vornehm" sein, für „so liegen vornehme Hunde". Leg Deinen Hund ins Platz. Lass Dir jetzt von Deinem Hund eine Pfote in die Hand geben.

Du gehst bei jeder Wiederholung mit deiner Hand weiter über die andere Pfote Deines Hundes. Solange, bis sich die Pfoten in der Luft überkreuzen. Hat Dein Hund die Vorderpfoten über Kreuz, zieh Deine Hand weg. Du solltest die Hand wegnehmen, kurz bevor er die Pfoten wirklich übereinanderlegt. Lobe und belohne ihn sofort und gib ihm dazu Dein Kommando. Versuche bei jeder Wiederholung Deine Hand immer weniger einzusetzen, sodass Dein Hund die Pfoten von allein überkreuzt.

Diener

Du kannst diese Übung aus der natürlichen Streckung Deines Hundes entwickeln. Wenn er sich streckt nach dem Schlafen oder in die Spielaufforderung geht, kannst Du ihm das Kommando „Diener" geben. Er macht dabei eine Pose, als ob er sich verbeugen würde. Auf diese Weise kann er den Trick schneller lernen. Du kannst aber auch versuchen, Deinen Hund anzuleiten, den Kopf runter zu nehmen, in dem Du auf einen Punkt zwischen den Vorderpfoten zeigst. Wenn er sich in die Position bewegt, wird er gelobt und belohnt. Arbeite hier mit kleinen Schritten und lobe schon für die richtige Richtung. Du solltest bei der Übung neben Deinem Hund sein. Du kannst ihn auch unterstützen, indem Du eine Hand unter seinen Bauch nähe der Brust legst, damit er das Hinterteil oben lässt und sich nicht komplett hinlegt.

Bitte

Hierbei lernt Dein Hund sich aus dem Sitz in die Männchenposition aufzurichten. Halte ihm, je nachdem wie Du arbeitest, den Targetstick oder ein Leckerchen knapp über den Kopf. Der Hund sollte dafür vor Dir sitzen. Dein Hund muss die Vorderpfoten anheben, wenn er den Keks erreichen möchte. Er soll dabei aber sitzen bleiben.

Beginne mit kleinen Höhen, dass der Hund zu Beginn die Pfoten nur leicht vom Boden heben muss. Du kannst die Höhe mit der Zeit steigern. Belohne aber jeden kleinen Schritt. Führe den Keks aber nie so hoch, dass der Hund den Popo vom Boden anheben muss, um den Keks zu erreichen. Er soll nicht Männchen im Stehen daraus entwickeln.

Gute Nacht

Für das Gute Nacht schick Deinen Hund in die Platz-Position. Stell Dich vor ihn und gib ihm ein Handzeichen und ein Kommando sich auf die Seite zu legen. Du kannst ihn zu Beginn auch sanft anschieben, dass er sich auf die Seite legt. Nutze diese Möglichkeit aber nur, wenn er sich gar nicht auf die Seite legt, sondern Dich nur verständnislos anschaut. Natürlich bekommt er gleich ein Leckerchen und ein großes Lob, wenn er sich auf die Seite legt.

Rolle

Um Deinem Hund die Rolle zu lernen, schick ihn ins Platz und lass ihn sich auf die Seite legen. Wenn er schon „Gute Nacht" gelernt hat, kannst Du die Übung dafür nutzen. Du solltest Dich neben Deinem Hund befinden auf seiner Rückenseite. Führe ein Leckerli oder ein Spielzeug von seinem Bauch weg Richtung Rücken. Der Hund wird Deiner Hand versuchen mit der Nase zu folgen und sich irgendwann herumrollen. Du kannst ihn zu Beginn auch bei der Rollbewegung unterstützen. Die Rolle mögen nicht alle Hunde. Wenn Dein Hund körperliche Beschwerden hat, wird er sie wahrscheinlich nicht ausführen.

Tanzen

Beim Tanzen kannst Du Deinem Hund lernen auf „Turn" und „Twist" sich entweder rechts oder links im Kreis zu drehen. So wie Du es gerne möchtest. Du kannst natürlich auch sagen „Tanzen rechts". Um ihm das zu lernen, stellst Du Dich schräg vor ihn und zeigst ihm mit einem Leckerli oder Spielzeug in der Hand den Weg den er machen soll. Führe den Keks von seiner Nase aus in einem Kreis quasi um ihn herum, dass er gezwungen ist, sich im Kreis zu drehen. Gib im dazu das Kommando.

Wenn Dein Hund nur mit dem Kopf folgt, sich aber nicht dreht, dann musst Du die Hand tiefer nehmen und in kleinen Schritten arbeiten. Führe den Keks von seiner Nase weg Richtung seiner Rute. Er wird Dir folgen und schon ein bis zwei Schritte machen, weil er ja die Belohnung möchte. Lob ihn dafür. Führe Deine Hand weiter an seiner Rute vorbei wieder Richtung Nase. Wenn er der Hand komplett folgt, hat er die Drehung gemacht. Belohne und lobe ihn ausgiebig. Arbeite hier in kleinen Teilschritten, wenn Dein Hund sich anders schwertut.

Zunge rausstrecken

Dein Hund braucht für diesen Trick zwar kein besonderes Geschick aber es wird ihn geistig ungemein fordern. Wenn sich Dein Hund über die Lefzen leckt, streckt er die Zunge raus und macht das völlig unbewusst. Er muss also nicht lange nachdenken, wenn Du genau dieses Verhalten bestätigst. Für diese Übung brauchst Du besonders gute Leckerli. Oder Du machst einen Klecks Leberwurst an die Nasenspitze von Deinem Hund, damit er sich die Lefzen ableckt. Hier ist nur wichtig, dass der Hund nicht nur auf die Leberwurst achtet, sondern auch auf Dich und den Trick.

Gib Deinem Hund ein Leckerli und schau was passiert. Er wird sich sehr wahrscheinlich die Nase und Lefzen ablecken. In dem Moment musst Du loben. Lobe ihn aber nicht, während er noch kaut. Du würdest ihn in dem Fall für das Fressen loben. Wiederhole den Vorgang. Mach dazwischen aber Pausen.

Wenn Dein Hund vielleicht schon verstanden hat, um was es geht, kann es gut sein, dass er sich auch schon über die Schnauze leckt, ohne dass er den Keks schon hat. Wenn das der Fall ist, gibt es ein Super-Leckerli. Soll der Trick einem richtigen Zunge rausstrecken gleichen und nicht nur Schnauze ablecken, musst Du weiter üben. Dein Hund wird Dir sicher verschiedene Varianten anbieten und immer näher an das Zunge rausstrecken kommen.

Fortgeschrittenenübungen

Durch die Arme springen

Hier ist natürlich die Größe des Hundes entscheidend. Mit einem großen Hund wird es sicher schwierig ihn durch die Arme springen zu lassen, da kaum ein Mensch so lange Arme hat, dass ein Neufundländer durchpassen würde. Beginne damit dem Hund Deinen ausgestreckten Arm hinzuhalten und animiere ihn auf Bodennähe darüber zu springen. Mach aus Deinem Arm nach und nach einen Halbkreis. Hat Dein Hund die Übung verinnerlicht, nimm Deinen zweiten Arm dazu und schließe damit dem Kreis. Arbeite hier in kleinen Schritten, damit es Deinem Hund nicht unheimlich wird. Springt Dein Hund sicher durch den Armkreis, kannst Du ihn in kleinen Schritten nach oben bewegen. Achte bei der Höhe aber immer auf den Hund, so dass er noch gut springen kann und achte auch darauf, ihn nicht zu überlasten. Hier ist es gut, wenn Dir eine zweite Person helfen kann. Besonders zu Beginn kann sie den Hund mit einem Leckerchen locken, damit er über Deinen Arm springt.

Step up

Dein Hund soll bei dieser Übung lernen, seine Vorderpfoten im Gleichtakt mit Dir zu bewegen. Das Pfote geben ist hier die Grundübung. Stell Dich vor Deinen Hund und biete ihm nicht die Hand, sondern Dein Bein an. Der Hund soll die Pfote darauflegen. Ziel ist es, dass er die Pfote auf Dein Knie legt. Wenn sich Dein Hund damit schwertut, lass Deine Hand zuerst noch auf Deinem Knie liegen. Entferne Deine Hand nach und nach, damit der Hund irgendwann die Pfote auf das Knie legt. Er soll dabei immer genau die Seite wählen, die Du auch gerade ausgewählt hast.

Winken

Du kannst das Pfote geben soweit weiter erarbeiten, dass Dein Hund die Pfote auf Zeigen hebt und nicht mehr Dir in die Hand legt. Wenn er die Pfote auf Fingerzeig hebt, belohne und lob ihn. Du kannst dann langsam anfangen durch den Fingerzeig ihn zu animieren die Pfote heben, absetzen und wieder zu heben. Arbeite Schritt für Schritt und baue immer mehr Fingerzeige ein. So wirkt es am Ende, also der Hund wirklich winken würde.

Schäm Dich

Es sieht bei fast allen Hunden sehr niedlich aus, wenn sie sich mit der Pfote über die Nase wischen. Es ist nicht besonders schwer, ihm den Trick zu lernen. Es braucht nur ein wenig Geduld.

Die meisten Hunde mögen es nicht, wenn sie etwas auf der Schnauze oder an den Augen haben. Sie versuchen fast immer sofort, das lästige Ding mit der Pfote abzubekommen. Hier kannst Du mit einem Post-it oder einem Stückchen Tesafilm arbeiten. Bringe eines von beiden seitlich an der Schnauze vom Hund an. Er wird reflexartig versuchen, den störenden Fremdkörper zu entfernen. Dazu wird er sich mit der Pfote über die Nase streichen. Belohne das Verhalten sofort. Gut ist es, wenn der Hund den Gegenstand nicht direkt abstreift. Hat Dein Hund ein wenig Übung, gibt ihm ein Kommando dazu. Das kann „Schäm Dich" oder „Entschuldigen" oder was auch immer sein. Belohne immer für die noch so kleinste richtige Regung. Du brauchst hier einfach Geduld. Wenn Du viel mit Deinem Hund trainierst, solltest Du mit diesem Trick nicht mitten im Training beginnen. Dann ist der Hund schon im Training und arbeitet kontrolliert an seinen Reflexen, was in diesem Fall nicht gewünscht ist. Möchtest Du nichts auf sein Fell kleben, kannst Du auch einen etwas weiteren Haargummi verwenden. Er darf den Hund nicht einschnüren, aber auch nicht direkt herunterrutschen.

Profiübungen

Rechnen

Möchtest Du zeigen, dass Dein Hund rechnen kann, kannst Du ihn trainieren auf ein unauffälliges Signal zu reagieren. Lerne ihm dafür auf Dich zu achten und auf Dein Augen zwinkern zu klopfen oder zu bellen. Belohne ihn, sobald er auf Dein Zwinkern bellt oder klopft, dass er das gut verknüpfen kann. So kannst Du ihm immer das richtige Ergebnis durch Augenzwinkern anzeigen.

Die Alternative wäre, ihm zu lernen, dass er bellt, wenn Du ihm eine Tafel mit der Zahl zeigst. Hat er die gewünschte Zahl mit Bellen erreicht, nimmst Du die Tafel aus seiner Sichtweite.

Becher stapeln

Hier braucht der Hund schon ein wenig mehr Erfahrung im Denksport. Und er braucht Geschicklichkeit. Du musst mit Deinem Hund schon einige Kommandos vorab geübt haben, dass er den Trick ausführen kann. Er muss Sachen aufnehmen, halten und absetzen können. Wenn Dein Hund apportieren kann, ist das schon mal eine gute Grundlage. Du benötigst mindestens zwei stabile Becher für diesen Trick, vorzugsweise sollten sie aus Kunststoff sein.

Nimm einen Becher in die Hand, den anderen legst oder stellst Du in ein wenig Abstand vor Dich auf den Boden. Dein Hund soll Dir den zweiten Becher bringen. Halte ihm dem Becher in Deiner Hand hin. Wenn mit dem zu Dir gebrachten Becher in die Nähe des Bechers in Deiner Hand kommt, sofort loben und belohnen. Wiederhole die Übung ein paar Mal. Dein Hund wird schnell verstehen, dass er die Becher dicht aneinander bringen soll.

Achte von Beginn an darauf, dass er den Becher in Deiner Hand mit seinem Becher von oben berührt. Sobald er den Becher in den Becher in Deiner Hand stapelt, gibt es für den Hund einen echten Jackpot. Steigere die Übung dann dahingehend, dass Du nur noch eine Belohnung gibst, wenn der Hund die Becher ineinander stapelt. Nimm Deine Hand mit dem Becher immer weiter herunter, solange, bis Du den Becher auf den Boden stellen kannst. Der Hund soll die Becher stapeln können, ohne dass Du den Becher festhalten musst. Weite die Übung aus, in dem Du weitere Becher dazu nimmst, die Dein Hund nach und nach in den ersten Becher stapelt.

Niesen

Dieser Trick ist für Hunde nicht einfach zu lernen. Der Hund wird oftmals nicht wirklich niesen, vielmehr imitiert er das Niesen. Es gibt keine Anleitung dem Hund das Niesen beizubringen. Es funktioniert eigentlich nur mit viel Geduld und Bestätigung im richtigen Moment. Muss der Hund niesen, loben und belohnen. So wird das Verhalten bestärkt. Wenn der Hund nicht oft niesen muss, sollte es nicht forciert werden. Es gibt manche Stellen, da müssen Hunde niesen. Wenn sie an etwas riechen oder wenn sie aufgeregt sind.

Da Niesen für die Nasenschleimhaut anstrengend ist und die Nase eines Hundes generell sehr empfindlich ist, sollte es mit dem Niesen auch keinesfalls übertrieben werden. Selbst wenn er die Übung dann kann. Dass der Hund das Niesen nur imitiert, etwa durch ein festes Schnaufen durch die Nase ist aus diesen Gründen auch gut so.

Tricks für zwei Hunde

Einkaufwagen

Die Grundlage sind hier zwei Hunde und ein Kindereinkaufswagen. Am Ende sollte der kleinere der Hunde im Einkaufswagen sitzen und der größere ihn schieben.

Im ersten Schritt muss der erste Hund lernen, dass er im Einkaufswagen sitzen bleibt. Dafür muss dieser natürlich die richtige Größe haben. Kindereinkaufswagen gibt es in verschiedenen Größen im Internet oder im Spielwarengeschäft. Der Wagen muss sicher stehen. Er sollte so blockiert werden, dass er nicht davon rollen kann. Andernfalls könnte der Hund erschrecken. Jetzt setzt Du den Hund in den Wagen und gibst ihm entweder das Kommando Sitz oder Platz. Bleibt er ruhig, belohne und lob ihn. Übe mit ihm solange, bis er etwas ruhig länger sitzen oder liegen bleibt.

Lass den Hund aus dem Einkaufswagen heraus und übe jetzt mit dem anderen Hund. Wenn er schon gelernt hat, seine Pfoten auf etwas zu legen, das Du ihm zeigst, ist das eine Erleichterung. Der Einkaufswagen sollte immer noch sicher stehen und weder kippen oder rollen können. Zeige Deinem Hund die Griffstange vom Einkaufswagen und dass er die Pfote darauflegen soll. Belohne jeden noch so kleinen Schritt. Dann lernst Du dem Hund beide Pfoten an die Stange zu legen. Auch hier wieder jeden noch so kleinen Schritt belohnen. Du kannst dann die Dauer langsam immer weiter ausdehnen, in der er die Pfoten an der Stange lässt. Im dritten Schritt musst Du die beiden Hunde zusammenbringen. Positionier den einen Hund in den Wagen und den anderen mit den Pfoten an den Wagen. Jetzt schnell ein Foto für das tolle Motiv machen. Wenn Du den Einkaufswagen im Gras stehen lässt, kannst Du die Blockade für den Wagen oftmals so kaschieren, dass sie auf dem Bild nicht sichtbar ist.

Geschirr oder Halsband anziehen

Verstehen sich die Hunde gut untereinander, kannst Du ihnen lernen, dass einer dem anderen das Geschirr oder Halsband anzieht. Im besten Fall sind die Hunde unterschiedlicher Größe. Du solltest dem größeren Hund das Grundkommando „Steh" schon gelernt haben. Ebenso sollte er „Bleib" schon kennen. So kannst Du Dich ein paar Schritte von ihm entfernen. Ist er zu unruhig, bitte eine zweite Person um Hilfe, die ihn zu Beginn festhält. Kann Dein Hund bereits apportieren, sollte es für ihn kein Problem sein, ein Geschirr oder ein Halsband solange im Fang zu halten, bis er es auf Dein Kommando abgeben soll. Falls er das noch nicht so gut kann, übe erst das Festhalten noch einmal. Am Ende soll er das Geschirr oder Halsband festhalten und dabei ruhig stehen bleiben.

Jetzt kommt der andere Hund ins Spiel. Übe mit ihm, von allein durch Halsband oder Geschirr zu schlüpfen. Benutze dafür ein Kommando. Halte ihm das Halsband oder Geschirr hin und fordere ihn auf durchzuschlüpfen. Am besten klappt das natürlich mit einem Leckerchen. Für jeden kleinen Schritt wieder belohnen. Der Hund wird schnell verstehen, dass es nur einen Keks gibt, wenn er seinen Kopf durch das Geschirr oder Halsband steckt. Können beide Hunde ihre Übung, kannst Du mit beiden üben. Zu Beginn kann es einfacher sein, wenn Dir eine zweite Person hilft. Lass die Hunde mit einigem Abstand zueinanderstehen. Der größere soll stehen bleiben und Halsband oder Geschirr des anderen Hundes festhalten. Jetzt solltest Du oder die andere Person den kleineren Hund dazu rufen. Dafür stehst Du am besten bei dem größeren Hund. Gib dem kleineren Hund das Kommando den Kopf durch das Geschirr oder Halsband zu stecken. Belohne und lobe beide Hunde. Wenn Sie die Übung gut können, ist es kein Problem, sie die Übung alleine ausführen zu lassen.

Kapitel 3: Pfotenspiele

Taste it

Kann Dein Hund schon Pfote geben? Das ist eine prima Voraussetzung. Lass ihn einfach ein paar Mal die Pfote geben, natürlich gegen Belohnung. Lege anschließend die Pfote von Deinem Vierbeiner während des Pfote gebens auf eine „Taste", die er herunterdrücken soll. Platziere Deine Hand dabei so, dass die Hälfte der Pfote schon die Taste berührt. Mit jedem Mal lässt Du Deine Hand mehr und mehr von der Taste verschwinden. Die meisten Hunde lernen schnell, wenn sie mit der Pfote eine Taste betätigen, kommt Futter raus. Ist der Hund zu zaghaft beim Herunterdrücken der Taste, kannst Du ihm natürlich noch helfen.

Licht an oder aus

Wenn Dein Hund gelernt hat, Tasten zu drücken, kann er Dir auch helfen das Licht an- oder auszumachen. Besonders leicht geht das mit Stehlampen, die einen Lichtschalter haben, der am Boden liegt und einen Druckknopf haben.

Größere Hunde können auch antrainiert bekommen den Lichtschalter an der Wand zu betätigen, in dem sie hochspringen und auf den Schalter drücken. Hier musst Du mit vielen kleinen Teilschritten arbeiten. Natürlich solltest Du die Wand dafür rund um den Lichtschalter schützen. Die Krallen an den Hundepfoten können die Wand doch erheblich schädigen, besonders wenn der Hund nicht immer ganz gezielt nur auf den Lichtschalter tapst.

Türklinken

Du kannst Deinem Hund auf diese Weise auch lernen auf Kommando Türklinken zu öffnen. Allerdings kann das auch gefährlich sein, da der Vierbeiner sonst die Möglichkeit nutzt, sich die Tür einfach selbst aufzumachen und alleine spazieren zu gehen. Überlege Dir also ganz genau, ob Du das möchtest.

Kapitel 4: Helferhund oder nützliche Denksportaufgaben

Nützliche Denksportaufgaben

Wenn Dein Hund gerne Dinge in die Schnauze nimmt, kannst Du ihm einige nützliche Sachen lernen. So kann er sich wirklich nützlich machen.

Ausziehen helfen

Ein Vierbeiner, der im Haushalt hilft kann sehr praktisch sein. Versuche Deinem Hund Sachen in die Schnauze zu geben, er soll sie nur festhalten, aber nicht hineinbeißen oder dran zerren. Du kannst das mit einem Kommando „nimm" oder „halten" belegen. So kannst Du ihm lernen, alles Mögliche festzuhalten. Gib ihm beispielsweise ein Stückchen von Deinem Ärmel. Der Hund soll den Ärmel am Rand festhalten und auf Dein Kommando „zieh" leicht anziehen. Er kann Dir auf diese Weise aus der Jacke helfen. Das gleich geht mit einer Mütze vom Kopf ziehen oder Socken ausziehen. Du kannst das im Prinzip mit allen Kleidungsstücken versuchen. Natürlich musst Du Deinem Hund in kleinen Schritten das Festhalten und auf Kommando Ziehen lernen. Aber es kann in manchen Fällen hilfreich sein, sich ein paar Dinge von einem Assistenzhund abzuschauen.

Aufräumen

Du kannst Deinem Hund verschiedene Begriffe lernen. Fang mit seinem Spielzeug an. Immer erst mit einem Begriff. Wenn Dein Hund ein Plüschtier hat, dann benenne es mit „Plüschi" oder was auch immer Du sagen möchtest. Wirf das Plüschtier ein Stückchen weg und gib Deinem Vierbeiner das entsprechende Kommando.

Wenn er in die Richtung von dem Gegenstand läuft, direkt loben. Wenn er ihn zu Dir bringt, noch mehr loben. Wenn der eine Gegenstand richtig gut sitzt, kannst Du zum nächsten Gegenstand übergehen. Das kann alles Mögliche sein.

Verwende für jeden Gegenstand einen eigenen Begriff. Übe zu Beginn immer nur mit einem Gegenstand, bis der Hund diesen wirklich gut verinnerlicht hat. Wenn Du denkst, dass er zwei Gegenstände wirklich nach dem Begriff unterscheiden kann, kannst Du ihm beide auslegen und ihm das Kommando für einen Gegenstand geben. Wenn er Dir dann den richtigen bringt, lob ihn über allen Maßen. So kannst Du es immer weiter ausbauen. Es gibt Hunde, die können bis zu 100 verschiedene Begriffe unterscheiden. Sie lernen durch Ausschlussverfahren auch noch weitere Begriffe. Kennt ein Hund 49 Gegenstände nach den Namen und es kommt ein neuer Gegenstand dazu, der ihm bislang fremd ist, wird er auf den neuen Namen den neuen Gegenstand bringen, weil es nur der sein kann. Das zeigt, zu welchen komplexen Denkleistungen Hunde fähig sind.

Du kannst ihm zudem lernen die Gegenstände nicht nur zu Dir zu bringen, sondern dahin, wo Du sie gerne haben möchtest. Der Hund kann beispielsweise seine Spielsachen in eine Kiste räumen oder Du kannst ihm lernen leere Plastikflaschen in die Küche zu tragen. Ebenso kannst Du ihm beibringen Kleidungsstücke ins Badezimmer zu bringen usw. Hier sind Deiner Fantasie kaum Grenzen gesetzt. Achte aber darauf, dass der Hund die Dinge auch wirklich tragen kann. Sie dürfen nicht zu schwer für ihn sein. Auch sollte er sie so in die Schnauze nehmen können, dass er noch vernünftig damit laufen kann. Trägt er beispielsweise einen Korb oder eine Gießkanne die ihm ständig vor die Beine schlägt, wird er sie nicht gerne tragen wollen.

Lass ihn natürlich auch immer nur Sachen tragen, die nicht gefährlich für ihn sein können. Wenn Du ihn beispielsweise Flaschen in die Küche tragen lässt, gib ihm keine Glasflaschen.

Wenn der Hund die Flasche einmal nicht so zuverlässig festhält und fallen lässt, könnte sie kaputt gehen. Er kann sich dabei die Pfoten zerschneiden und anderweitig verletzen.

Aufheben

Wenn Dein Hund das Festhalten gelernt hat, kannst Du im nächsten Schritt dazu übergehen, ihm das Aufheben zu lernen. Wenn Dir etwas runterfällt, kannst Du den Hund bitten es aufzuheben und Dir zu geben. Dazu kannst Du Dir wieder ein Kommando überlegen, wie zum Beispiel „Heb auf". Leg etwas auf den Boden und gib dem Hund das Kommando. Wenn er nur in die Richtung von dem Gegenstand schaut, lobe ihn. Sobald er den Gegenstand berührt, belohne ihn.

Baue die Übung so Schritt für Schritt auf. Er wird schnell lernen, dass es sich für ihn lohnt, Dinge aufzuheben, wenn Du ihm das Kommando dazu gibst.

Kapitel 5: Denksport für draußen

Draußen kannst Du mit Deinem Hund jede Menge Dinge machen, die seine Sinne fordern und ihn damit geistig auslasten. Das geht von ganz einfachen Nasensuchspielen bis zu wirklich anspruchsvollen Aufgaben wie etwa dem Mantrailing.

Leckerli suchen

Eine ganz einfache Sache, bei der sich der Vierbeiner geistig anstrengen muss, ist die Leckerli Suche. Wenn Du denkst, der Hund muss ja nur seine Nase einsetzen, dann irrst Du Dich. Natürlich muss er die Nase einsetzen, aber das ist für ihn unheimlich anstrengend. Nasenarbeit fordert Hunde geistig ungemein und Du wirst merken, dass der Hund nach der Nasenarbeit sehr viel ruhiger und entspannter ist. Das Suchen von Leckerli unter Anstrengung der Nase für ein paar Minuten ist für Hunde so anstrengend wie ein 20-minütiger Spaziergang.

Für die Leckerli Suche solltest Du kleinere Leckerchen verwenden. Du kannst sie einfach in eine Wiese werfen oder auch auf den Waldboden. Lass Deinen Hund danach suchen. Er wird wie ein Staubsauger den Boden nach den Leckerli absuchen. Da er so ziemlich jeden Keks finden wird, hat er jedes Mal ein Erfolgserlebnis und wird mit Feuereifer bei der Sache sein. Beginne hier auch mit einem einfachen Schritt. Wirf ein Leckerchen, so dass es der Hund sieht. Gib ihm ein Kommando „Such" oder was Dir gefällt. Gewöhne Dir nur an, immer die gleichen Kommandos zu verwenden, um den Hund nicht zu verwirren.

Wenn der Hund nach dem Leckerchen sucht, lob ihn. Belohnt wird er, wenn er das Leckerli gefunden hat. Mach das mit einem Keks ein paar Mal und nimm dann erst drei oder vier Leckerchen die Du mit etwas Abstand auf den Boden wirfst.

Du kannst natürlich auch einfach einen Feldweg nehmen. In einer Wiese muss der Hund die Nase meist ein wenig mehr anstrengen. Du kannst dann später auch eine Handvoll Leckerli nehmen und diese einfach in die Wiese werfen.

Das geht im Garten, im Park oder auch in der freien Natur. Du musst im Normalfall keine Sorge haben, dass die Kekse eine Gefahr für andere Tiere darstellen, da Dein Vierbeiner sehr wahrscheinlich keine überlassen wird. Und falls ein Leckerchen auf dem Wald- oder Feldboden liegen bleibt, wird sich ein Fuchs oder Dachs wahrscheinlich sehr darüber freuen.

Futterbeutel

Eine andere Form des Suchens ist der Futterbeutel. Lerne Deinem Hund zuerst den Futterbeutel sauber zu apportieren. Er soll ihn bringen, wenn Du ihn wegwirfst und Dir übergeben. Dann bekommt er ein Stück daraus. Beachte bei allen Spielen, die Du machst, bei denen Du mit Leckerchen arbeitest, dass Du die Menge vom normalen Futter abziehst. Andernfalls läuft Dein Hund Gefahr übergewichtig zu werden.

Fülle den Futterbeutel mit Leckerchen oder auch dem Futter, das Dein Hund normalerweise bekommt. Dann achte noch mehr darauf, wie viel Du fütterst. Je nachdem wie intensiv Dein Hund sucht und Spaß daran hat, such Dir Verstecke für den Futterbeutel. Du kannst draußen wunderbar im Wald mit ihm Futterbeuteln. Zu Beginn wirf den Futterbeutel wie beim Apportieren einfach ein Stück in den Wald hinein. Verwende im Wald zum Schutz der Wildtiere eine Schleppleine. Selbst der bravste Hund wird der Versuchung kaum wiederstehen können, einem Reh oder Hasen nachzusetzen, wenn sich die Gelegenheit bietet.

Steigere die Aufgabe, indem Du Deinem Hund lernst, sich ins Platz zu legen und zu warten. Leg den Futterbeutel zu Beginn auf einen umgefallenen Baum oder einen Baumstumpf und schick Deinen Hund los, den Beutel zu suchen. Du kannst mit der Zeit immer schwierigere Verstecke suchen. Der Beutel kann beispielsweise weiter oben auf einem Strauch abgelegt werden. Du kannst ihn auch locker im weichen Waldboden ein kleines Stückchen eingraben. Dein Hund wird voller Begeisterung sein, wenn er etwas graben und buddeln darf.

Hat er den Beutel ausgegraben, bekommt er natürlich seine Belohnung. Du solltest dann den Boden wieder so gut es geht eben machen und in den vorherigen Zustand zurückversetzen. Dann wirst Du auch keine Probleme mit einem Jäger bekommen.

Kapitel 6: Hundesport der das Denken fördert und fordert

Das Schöne an der gemeinsamen Arbeit mit dem Hund ist, dass sich die Bindung stärkt und der Hund lernt, auf seinen Menschen zu achten. Er wird insgesamt viel zufriedener und ausgeglichener sein, da er sich geistig und körperlich austoben kann.

Agility

Beim Agility kommt es auf das Zusammenspiel von dem Hund und seinem Menschen an. Konzentration und Koordination des Vierbeiners werden hier ebenso gestärkt wie die Kondition. Letztere benötigst Du ebenso, da Agility auch für den Menschen ein echter Sport ist. Es gibt verschiedene Hindernisse im Agility, die immer wieder zu einem neuen Parcours aufgebaut werden. Daher muss der Hund genau darauf achten, welche Kommandos Du ihm gibst und zu welchem Hindernis Du ihn schickst. Typische Hindernisse im Agility sind Tunnel, Wippe, Tisch, Slalomstangen und Hürden.

Auch wenn es beim Agility in erster Linie um den Spaß geht, kannst Du durch die gemeinsame Arbeit mit Deinem Hund die Bindung festigen und wirst auch im Alltag merken, dass der Hund besser auf Dich reagiert. Agility eignet sich grundsätzlich für jeden Hund. Allerdings ist auf körperliche Einschränkungen Rücksicht zu nehmen. Agility ist eine schnelle Sportart mit vielen Stopps und Wendungen. Auch Sprünge sind dabei. Dafür muss der Hund natürlich gesund sein. Manche Hindernisse können auch Hunde mit Einschränkungen überwinden, wie etwa die Wippe oder den Tunnel. Dafür kann er sein eigenes Tempo wählen.

Lass den Hund auf jeden Fall von einem Tierarzt durchchecken. Besonders im Hinblick auf die gefürchtete Hüftdysplasie kann Agility für machen Hunde schwierig sein. Wenn der Hüftkopf und die Hüftpfanne nicht optimal zusammenpassen, kann ein anderer Hundesport ohne viele Stopps, Beschleunigungen und Wendungen besser für den Hund geeignet sein. Um eine so genannte HD ausschließen zu können, ist ein Röntgenbild notwendig. Dafür muss der Hund meist in eine leichte Narkose gelegt werden, da die Position für das Röntgenbild für die meisten Hunde sehr unangenehm ist. Natürlich ist es nicht schön, den Hund in Narkose legen zu müssen, andererseits einen möglichen Schaden durch HD zu übersehen und Agility zu machen und den Schaden zu verstärken wäre schlimmer.

Longieren

Moment mal, Pferde werden longiert. Aber Hunde? Ja und ob! Das Longieren ähnelt dem aus dem Pferdesport. Es wird ein Longierkreis abgesteckt an dem die Hunde mit oder ohne Leine laufen. Sie müssen dabei auf verschiedene Kommandos achten und Übungen ausführen. Es ist wichtig, dass sie genau auf ihren Menschen und die Sichtzeichen achten. Hier bei kann sehr gut die Distanzkontrolle eingesetzt werden, was unheimlich hilfreich ist, wenn der Hund beim Spazierengehen im Freilauf laufen kann.

Longieren gibt es als Hundesportart schon seit den 1960er Jahren, auch wenn es für viele noch unbekannt ist. Seinen Ursprung hat es in Skandinavien, wo es als Ausdauertraining für Polizeihunde genutzt wurde. Da Longieren noch keine Wettkampfdisziplin im Hundesport ist, gibt es bislang keine verbindlichen Richtlinien. Für die Kommunikation zwischen Hund und Mensch ist es aber eine sehr gute Beschäftigung. Zudem wird der Hund geistig und körperlich gut ausgelastet. Die Bindung wird gestärkt und auch im Alltag kommt Dir die Arbeit auf Distanz zugute.

Dein Hund lernt beim Longieren sich auf Dich zu konzentrieren, auf Dich zu achten und Deine Kommandos umzusetzen. Und das ganze über Körpersprache und auf Distanz. Du kannst mit ihm Stoppen, Sitzen oder Ablegen auf Distanz trainieren. Der Hund muss lernen auf Deine Körpersprache zu achten und Du musst lernen diese bewusst einzusetzen. Das Longieren eignet sich zudem, um beim Hund gezielt Muskelmasse und Kondition aufzubauen. Wenn Du mit Deinem Hund longieren möchtest, solltest Du zu Beginn ein Seminar oder einen Kurs besuchen, um die Grundlagen zu lernen. Deine eigene Signalgebung über die Körpersprache ist wichtig. Du musst ganz klar kommunizieren. Oftmals ist das für den Menschen schwieriger zu erlenen als für den Hund.

Um zu beginnen, wird ein Kreis abgesteckt. Dazu kann ein Flatterband und Heringe aus dem Zeltbau dienen oder größeres Kabelrohr. Pylone wären auch eine Möglichkeit. Nimm Deinen Hund zu Beginn an die Leine und führe ihn außen um den Kreis herum. Du solltest im Inneren des Kreises laufen, der Hund draußen. Belohne ihn zu Beginn häufig, wenn er nicht versucht, in das Innere des Kreises zu kommen. Du kannst die Belohnung mit der Zeit reduzieren, zu Beginn ist es aber wichtig, dass er versteht, dass er nicht in den Kreis soll.

Das Ziel ist, dass der Hund außerhalb des Kreises läuft und Du Dich mit der Zeit immer weiter in die Kreismitte bewegst. Überspringt er die Kreisgrenze, schick ihn wieder nach draußen. Du kannst die Leine abmachen, wenn Dein Hund verstanden hat, dass er außen an der Kreislinie bleiben soll. Fange langsam an Übungen einzubauen. Zu Beginn sollten sich die Kommandos auf einfache Dinge beziehen wie Halt, Steh, Sitz oder Platz. Arbeite zu Beginn mit Deinen gewohnten Kommandos und Sichtzeichen. Hat Dein Hund wirklich verstanden, was Du von ihm möchtest, kommen nur noch Sichtzeiten zum Einsatz.

Für Dich selbst ist es ganz wichtig, Deine eigene Körpersprache ganz gezielt zu trainieren und einzusetzen. Hier ist es wichtig mit einem Trainer zu arbeiten, der Dir Hinweise gibt, wenn sich Fehler in Deine Körpersprache schleichen. Diese sollten gleich korrigiert werden und sich gar nicht erst festigen können.

Longieren ist kein stumpfes im Kreis laufen, weder beim Pferd noch beim Hund. Wenn der Hund auf Deine Sichtzeichen gut reagiert, fange an, Richtungswechsel und unterschiedliche Tempi einzubauen. Soll Dein Hund stehen bleiben, wende Dich ihm abrupt zu. Du stehst Deinem Hund jetzt quasi gegenüber. Ist er den Kreis linksherum gelaufen, wendest Du jetzt deinen Körper und Blick nach rechts ab und schickst ihn an einer gedachten Leine rechts herum. Genauso funktioniert es den Wechsel nach links zu machen. Achte dabei ganz genau auf Deine Körperhaltung. Drehst Du Dich zu stark zur Seite begrenzt Du Deinen Hund und er wird nicht laufen. Hunde können die Körpersprache von Menschen sehr gut lesen, daher ist eine korrekte Ausführung extrem wichtig.

Durch das leichte vorlehnen Deines Oberkörpers und einen schnellen Schritt kannst Du Deinem Hund signalisieren mehr Tempo aufzunehmen. Du kannst zu Beginn Deine Hände Richtungszeigend einsetzen. Mit der Zeit sollten die Signale immer weniger werden müssen. Nach und nach können Ablenkungen im Inneren des Kreises aufgebaut werden. Das stärkt die Konzentration des Vierbeiners und fordert ihn geistig noch mehr. Auf der Longierlinie außerhalb des Kreises können Reifen oder Hindernisse in Form von einfachen Sprüngen oder auch ein Tunnel aufgebaut werden. Longieren lehrt Deinen Hund nicht mehr so sehr auf äußere Reize, sondern vielmehr auf Dich zu achten. Er wird Deine Anweisungen zuverlässig umsetzen, was Dir im Alltag ebenso positiv auffallen wird.

Es gibt noch weitere Schwierigkeiten, die nach und nach eingebaut werden können. Da wäre beispielsweise das Longieren von mehreren Hunden gleichzeitig. Oder das freie Longieren, bei dem kein sichtbarer Kreis mehr vorhanden ist. Du kannst den Hund auch in Form einer Acht über zwei Longierzirkel schicken. Generell können alle Hunde longiert werden. Bei jungen Hunden oder wenn der Vierbeiner körperliche Beschwerden hat, sollte allerdings genau abgewogen werden, ob es das Richtige ist. Das lange Laufen im Kreis ist eine Belastung für die Gelenke und kann sich negativ auswirken. Durch Richtungswechsel kann eine einseitige Belastung vermieden werden. Das Tempo sollte natürlich auch immer den körperlichen Gegebenheiten des Hundes angepasst werden.

Treibball

Treibball ist mehr als nur stumpfes Bälle schubsen. Seinen Ursprung hat Treibball als Ersatzbeschäftigung und Trainingssport für Hütehunde. Die Aufgabe vom Hund besteht darin, acht Gymnastikbälle nach Anweisung durch seinen Menschen in ein Tor zu treiben. Treibball hat sich mittlerweile zu einer Turnierhundesportart entwickelt.

Es lässt sich erahnen, dass Treibball das Treiben der Herde simulieren soll. Die Bälle sind die Schafe oder Rinder, das Tor ist das Gatter, in das die „Tiere" getrieben werden. Treibball ist aber kein unkontrolliertes Herumschubsen. Der Hund lernt verschiedene Elemente der Hütearbeit kennen. Dabei darf der Hund nicht eigenmächtig agieren. Er muss die Kommandos seines Menschen abwarten und entsprechend die Bälle auf Anweisung nacheinander ins Tor bringen. Er muss die Herde dabei Sammeln, Zusammenhalten und Treiben, es kommen Seitenwechsel vor und andere wichtige Aufgaben, wie sie in der Hütearbeit auch zu tun wären.

Besonders Hütehundbesitzer haben hier die Möglichkeit ihren Vierbeinern einen adäquaten Ersatz in der Auslastung zu bieten. Schließlich haben die wenigsten eine Schafherde zu Hause. Die Kooperationsbereitschaft des Hundes mit seinem Halter wird durch die Hütearbeit im Treibball stark gefördert.

Natürlich bietet sich Treibball für alle Hunde an. Der Hund lernt auf seinen Menschen zu achten, er muss aufmerksam die Gesten und Signale umsetzen, damit keines der „Herdenmitglieder" abhandenkommt. Für Alltagssituationen stellt Treibball meist auch eine deutliche Verbesserung dar. Die geistige Auslastung ist für den Hund ebenfalls eine willkommene Abwechslung. Bei Treibball handelt es sich nicht um einen Ausdauersport. Es ist vielmehr ein Geschicklichkeitsspiel. Präzises Arbeiten und hohe Konzentration sind beim Treibball wichtig. Zu Beginn ist es, wie bei allen Hundesportarten, gut, wenn Du Dir eine Hundeschule oder ein Seminar suchst, um die Grundlagen zu lernen. Umso besser kannst Du die Dinge Deinem Hund vermitteln. Ein abgegrenztes Gelände von bis zu 50 Metern Länge und 25 Metern Breite stellt das Spielfeld dar. Weniger als 30 Meter Länge und 15 Meter Breite sollte es nicht sein. Auf dem Spielfeld wird ein Tor platziert. Es sollte 2 x 3 Meter haben. Treibball wird von Dir und Deinem Hund im Team gespielt. Es tritt immer nur ein Team zur gleichen Zeit an.

Am Anfang liegen acht Bälle in Dreiecksform zum Tor mit ca. 15 bis 20 Meter. Du kannst Dir die Anordnung so vorstellen, wie sie beim Billard ist. Die Spitze vom Dreieck ist dem Tor abgewendet. Die Ausgangsposition von Hund und Halter ist neben einem von den Torpfosten. Der Halter darf sich nur in einem Radius bewegen, so dass er immer noch den Torpfosten mit der Hand berühren kann.

Weiter darf er nicht vom Tor weg. Welche Signale für die Treibarbeit verwendet werden, bleibt aber jedem Halter selbst überlassen. Du kannst Deinen Hund über Sprachsignale oder mit Gesten schicken, die Bälle zu treiben.

Der sogenannte „Outrun" ist der Spielbeginn. Der Hund wird dafür losgeschickt. Ab dem Zeitpunkt müssen in 15 Minuten die Bälle im Tor sein. Starten soll der Hund mit dem Ball an der Spitze. Es gibt einige diverse Spielvarianten. Es können verschiedene Farben der Bälle sein, die nach einer bestimmten Reihenfolge abgearbeitet werden müssen. Der Hund darf zum Treiben nur seine Schnauze und den Körper verwenden. Er bekommt dafür die Signale von dem Halter. Ist der letzte Ball im Tor, ist das Spiel zu Ende, wenn sich der Hund parallel zum Tor ins Platz legt.

Treibball erinnert an die Hütearbeit, ist aber für alle Hunde geeignet. Junge Hunde ab 12 Wochen können ebenso teilnehmen wie alte Hunde. Die geistige Auslastung ist für alle Hunde eine gute Abwechslung. Das normale Spazieren gehen bietet Hunden ohne wirkliche Beschäftigung kaum Abwechslung.

Beim Treibball kommen handelsübliche Gymnastikbälle zwischen 45 und 85 cm Größe zum Einsatz. Da diese natürlich nur begrenzt robust sind, sollte der Hund keinesfalls hineinbeißen. Der Hund muss lernen, dass in den Ball nie hineingebissen werden darf. Achte darauf, dass Dein Hund keine Angst vor dem großen Ball hat und das „Schaf" aus Frust schreddert.

Treibball ist nicht so einfach, wie es sich vielleicht anhört. Es ist eine Arbeit mit Distanzkontrolle und erfordert hohe Konzentration von Mensch und Hund. Dennoch sollte der Spaß immer an erster Stelle stehen. Wenn der Hund verstanden hat, wie das Treiben funktioniert, kann während der Treibarbeit von einem Ball der Hund gestoppt und zu einem anderen Ball geschickt werden.

Fange mit maximal zwei Bällen an zu trainieren. Der Hund darf nie allein mit den Bällen spielen. Nach dem Training werden die Bälle weggeräumt. Der Hund bleibt erst einmal an der Leine. Geh mit ihm zusammen um die Bälle herum. Er darf sie nicht anstupsen. Versucht er das, verwende ein Abbruchsignal. Dann lege Deinen Hund ins Platz. Du rollst die Bälle langsam weg. Lege dazu nie die Hand oben auf den Ball, sondern immer unten am Boden. Verwende Deinen Handrücken zum Anschubsen.

Hunde beobachten und könnten auf die Idee kommen, den Ball mit der Pfote zu treiben. Damit besteht Rissgefahr für die Bälle. Der Hund benötigt eine unglaubliche Selbstbeherrschung brav liegen zu bleiben, wenn Du mit dem Ball spielst. Steigere die Intensität indem Du den Ball erst langsam und dann fester wegrollst. Du kannst ihn irgendwann sogar mit dem Fuß wegkicken. Der Hund sollte eine ganz besondere Belohnung bekommen, wenn trotz allem liegenbleibt. Du fragst Dich vielleicht, was das soll oder ob das nicht gemein ist. Aber diese Impulskontrolle ist extrem wichtig und absolute Voraussetzung für Treibball.

Damit der Hund die Bälle gut schubsen kann, müssen sie richtig fest aufgepumpt sein. Dadurch verringert sich der Rollwiderstand und das Hineinbeißen wird zudem erschwert. Führe Deinen Hund langsam an den Ball. Durch die enorme Größe können die Bälle bedrohlich wirken, sie machen auch Geräusche durch das Abrollen. Der Hund sollte keinesfalls erschrecken und Angst vor den Bällen bekommen. Nimm Deinen Hund an die Leine, so kannst Du kontrollieren wie er mit dem Ball umgeht. Hat er Interesse, zeige ihm die Stelle, an der er den Ball schubsen darf. Wenn er den Ball angreifen möchte oder das „Schaf" erlegen, dann ist das Spiel sofort vorbei. Verwende ein ganz deutliches Abbruchsignal und setz Dich auf den Ball. Damit zeigst Du Deinem Hund Deinen Besitzanspruch. Das „Schaf" gehört Dir. Der Hund hat es dann sofort in Ruhe zu lassen. Ohne Anweisung darf der Hund nie an den Ball oder ihn berühren.

Du kannst den Ball auch in einen Autoreifen legen und in die Mitte vom Autoreifen ein Leckerchen oder Spielzeug positionieren. Wird der Ball weggestupst, hat der Hund seine Belohnung. Damit kannst Du zu Beginn die Motivation steigern, den Ball anzustupsen. Zu Beginn wird er den Ball noch nicht in eine Richtung schieben können. Bau eine Gasse auf, durch die der Ball geschoben werden kann. Der Hund hat den Erfolg, den Ball gezielt in eine Richtung gelenkt zu haben. Du kannst für die Gasse verschiedene Dinge verwenden. Eine Möglichkeit wären Pylone, auf die Du Holzleisten legst. Eine andere Möglichkeit wären leere Getränkekisten. Hauptsache, der Ball rollt in einer Gasse.

Du brauchst viel Einfühlungsvermögen und Geduld für das Training. Der Hund muss die Technik für sich finden, er muss sich aber auch auf Dich konzentrieren und Dir zuhören. Bleibt der Ball in einer Ecke stecken, kann das für den Hund frustrierend sein. Treibball soll Spaß machen und keinen Stress oder Ärger für Vierbeiner und Mensch bedeuten.

Anschließend kommen die Richtungsweisen. Hier sind kurze Übungseinheiten wichtig, um den Hund nicht zu überfordern. Die Strecken können nach und nach verlängert werden. Nimm weitere Bälle erst dazu, wenn Dein Hund sicher mit einem Ball ist. Um Stress und Fehler zu vermeiden, ist es wichtig Treibball unter fachkundiger Anleitung zu lernen. Üben kannst Du natürlich dann auch im heimischen Garten, wenn Du die Grundlagen beherrschst.

Hoopers

Hoopers, Hoopers-Agility oder NADAC Hoopers ist eine amerikanische Hundesportart. In Deutschland ist sie noch nicht so bekannt und verbreitet. Beim Hoopers muss der Hund einen Hindernisparcours ohne Fehler überwinden. Der Parcours besteht aus den Hoops, Tunnel, Tonnen und Toren. Mensch und Hund müssen gut zusammenarbeiten und viel Geschicklichkeit mitbringen. Hoopers eignet sich für alle Hunde. Selbst Hunde, die körperliche Einschränkungen haben und nicht mehr springen können oder dürfen, sind im Hoopers gut aufgehoben. Hundeführer, müssen anders als im Agility, selbst keine Hochleistung bringen und können daher auch gut teilnehmen, wenn sie selbst nicht mehr so gut laufen können.

Es wird ein Geräteparcours aufgebaut, der in einer bestimmten Abfolge durchlaufen werden muss. Der Hund muss bei den Hindernissen aber nicht springen, so wie es im Agility der Fall ist. In der Regel wird der Parcours weitläufig aufgebaut. Hoops sind Bögen, dazu kommen Tunnel, Tonnen, auch Barrels genannt und Zäune, die Gates genannt werden. Welche Distanz eingehalten wird, wie viele Geräte absolviert werden müssen und in welcher Reihenfolge gestartet wird, wird an das Können des Mensch-Hund-Team angepasst.

Die Besonderheit beim Hoopers ist, dass der Hundeführer nicht mit dem Hund mitläuft. Er bringt den Hund zum Startpunkt und hat sich dann in einen festgelegten Führbereich zu begeben. Diesen darf er während des gesamten Laufs nicht verlassen. Um den Hund durch den Parcours zu lenken, sind Körpersprache, Sicht- und Hörzeichen auf Distanz erlaubt. Die Hörzeichen müssen natürlich mit dem Hund vorab trainiert werden. Je nachdem, was Du sonst noch für Hundesport mit Deinem Hund machst, könntest Du verschiedene Kommandos verwenden, die beispielsweise auch in anderen Disziplinen vorkommen können. Dazu gehören beispielsweise „Außen", womit der Hund angewiesen wird ein Hindernis zu umlaufen.

Das Kommando „Weg" besagt, dass der Hund vom Hundeführer wegarbeiten soll. Mit „rum" oder „hinter" wird dem Hund angezeigt, er soll hinter dem Hundeführer das Hindernis nehmen. Mit „Vor" oder „lauf" kannst Du ihn auf alle Hindernisse, die vor dem Hundeführer stehen, schicken.

Du solltest immer darauf achten, Deinen Hund im Training nicht zu überfordern. Er muss auf Distanz arbeiten, das ist für viele Hunde sehr anstrengend. Du darfst den festgelegten Bereich nicht verlassen. Belaste den Hund nicht zu sehr und Dich natürlich auch nicht, wenn Du Einschränkungen hast. Steckt Eure Trainingsziele in einem gesunden Maß ab.

Dogdancing

Das Dogdancing ist mehr als nur Hund und Mensch bewegen sich zu Musik. Es gibt für die Choreografie kaum Grenzen. Dogdancing eignet sich für alle Hunde. Egal welche Rasse, wie groß oder klein und wie jung oder alt. Dogdancing hat seinen Ursprung in den USA und Großbritannien. Dort war es Showprogramm in den 90-er Jahren. Heute hat es sich zu einer echten Hundesportart gemausert. Die korrekte und genaue Zusammenarbeit zwischen Mensch und Hund ist notwendig. Der Hund wird geistig und körperlich ausgelastet. Die Grundlage ist eine perfekte Fußarbeit. Dazu kommen Tricks, die zu einer Choreografie zusammengesetzt werden. Die Musik dazu kann frei gewählt werden. Hier macht sich die Individualität des Teams bemerkbar.

Im Dogdancing gibt es zwei Disziplinen. Die eine ist Heelwork to music, in der Kurzform HTM genannt und die andere ist Freestyle. In letzterem sind keine Pflichtübungen zu absolvieren. Im HTM brauchst Du ebenso nicht um die Kreativität zu fürchten, da hier entweder einige oder alle Fußpositionen gezeigt werden können.

Im Freestyle kannst Du Deiner Fantasie freien Lauf lassen. Du kannst Elemente aus anderen Hundesportarten einbauen. Dazu können Distanzarbeit, Sprünge, Slaloms, Drehungen, Kriechen, Rollen, Apportieren und viele weitere kommen. Pflichtelemente kommen in dieser Disziplin nicht vor. In der Choreografie sollen vom einzelnen Hund die Besonderheiten hervorgehoben werden.

Im HTM sind 75 Prozent Fußarbeit. Der Hund muss dabei allerdings nicht immer auf der linken Seite geführt werden, wie es in der Unterordnung typisch ist. Nach dem Reglement kann zwischen zehn bis 18 Fußpositionen gewählt werden. Die Positionen sollen vom Hund nach Möglichkeit bei der Vorführung vorwärts, rückwärts und seitwärts gehalten werden. Dabei kommt es auch wieder auf die Individualität an. Das am Bein des Menschen „kleben" ist genauso erlaubt wie ein gleichmäßiger Abstand von maximal 50 cm. HTM eignet sich ebenso für alle Hunde.

Es gibt verschiedene Klassen im Dogdancing. Gestartet wird in Klasse 1, der Aufstieg ist bis in Klasse 3 möglich. Es gibt noch zwei weitere Klassen, die Senioren und die Fun Klasse. In der Fun Klasse ist es ausdrücklich erwünscht den Hund mit Leckerchen oder Spielzeug zu belohnen. Die Klasse bietet sich an, wenn Du Deinem Hund die Turnieratmosphäre näherbringen möchtest oder auch, um erfahrene Hunde immer wieder zu motivieren. Generell ist in allen Klassen Zwang dem Hund gegenüber verboten. Gestartet werden kann in der Fun-Klasse mit einem Hund ab einem Alter von sechs Monaten. Für die anderen offiziellen Klassen muss Dein Hund 12 Monate alt sein. Junge Hunde von bis zu neun Monaten unterliegen bei Sprüngen und Elementen, die belastend sein können, gewissen Einschränkungen.

Dog-Frisbee

Wie so viele Trend Hundesportarten kommt auch das Dog-Frisbee aus Amerika. Alex Stein und sein Whippet Ashley haben es dort vor über 30 Jahren aufgebracht. Der begeisterte Frisbee-Spieler Alex merkte, dass auch Ashley eine Leidenschaft für die fliegenden Scheiben entwickelte. Und so entstand Dog-Frisbee. Besonders in den USA wurde es eine echte Wettkampf-Sportart. Es wird in drei Disziplinen gestartet, Freestyle, Mini-Distance und Long-Distance. Um die verschiedenen Wurftechniken und Tricks für die Kür zu lernen, solltest Du Dir einen erfahrenen Trainer suchen oder wenigstens ein Seminar besuchen. Wenn Du die Sportart Wettkampfmäßig ausüben möchtest, wirst Du um einen Verein nicht herumkommen. Im Freestyle führst Du mit Deinem Hund in zwei Minuten eine Choreografie aus. Dabei kannst Du die Musik selbst wählen und nutzt verschiedene Wurftechniken. Die kombinierst Du mit verschiedenen Tricks. Es gibt keine festgelegten Ablaufkombinationen. Du musst passend zu Deiner Musik die Würfe machen. Es kommen zwischen sieben und zehn Scheiben zum Einsatz. In der Mini-Distance musst Du so viele Punkte wie möglich erreichen. Dafür hast Du je nach Reglement 60 oder 90 Sekunden Zeit. Auf dem Spielfeld sind verschiedene Wertungs-Zonen. Es gibt nur für gefangene Würfe Punkte, und dann kommt es darauf an, in welcher Wertungszone der Hund gerade ist. Umso größer die Entfernung zur Startlinie ist, umso mehr Punkte gibt es natürlich. Es gibt eine Bonus-Lande-Zone, in der der Hund Extrapunkte bekommt, wenn er die Scheibe in der Luft fängt. Es wird mit nur einer Frisbee gespielt. Der Hund muss sie schnellstmöglich zum Menschen zurückbringen, egal ob gefangen oder nicht. Nur so können so viele Würfe wie möglich erfolgen und Punkte gesammelt werden. Der Hund darf nur bei beim ersten Wurf die Start-Linie nicht vor der Frisbee übertreten. Hier gewinnt das Team mit den meisten Punkten.

In der Long-Distance gibt es keine Zeitbeschränkung. Die Scheibe soll so weit wie möglich geworfen werden. Hier zählen ebenso nur gefangene Scheiben. Jedes Team hat drei Würfe. Der Hund darf nicht über die Start-Linie treten, bevor die Scheibe darüber geworfen wurde. In der Long-Distance gewinnt das Team mit dem Wurf, der am weitesten gefangen wurde.

Flyball

Die Startampel erinnert an die Formel 1. Sie zählt bis zum Start die letzten drei Sekunden. Rot, gelb, gelb und grün. Das ist das Startsignal für die ersten beiden Hunde. Sie rennen selbstständig über die Startlinien und folgen den beiden parallel aufgebauten Wettkampfbahnen. Dabei müssen vier Hürden übersprungen und am Ende die Ballwurfmaschine betätigt werden. Anschließend den herausgeflogenen Ball fangen und diesen so schnell wie möglich zu seinem Menschen zurückbringen. Meist geht es im Flyball recht laut zu, weil die Menschen ihre Hunde anfeuern, richtig Gas zu geben beim Rückweg. Also eigenständig wieder die vier Hürden, den Ball immer noch in der Schnauze und zurück. Wenn der erste Hund auf dem Rückweg ist, startet der zweite Hund aus dem Team. Die Hunde begegnen sich auf der Startlinie. Eine Mannschaft für die Form des Staffellaufs besteht aus vier Hund-Mensch-Teams. Kommt der vierte Hund ins Ziel, stoppt die Zeit. Profis absolvieren die Übung in weniger als 20 Sekunden. Es müssen ca. 16 Meter Strecke zwischen Startlinie und Ballwurfmaschine überwunden werden. Die Hürden sind an den jeweils kleinsten Hund der Mannschaft in der Höhe zwischen 17,5 und 35 cm angepasst. Flyball ist laut! Hunde bellen und Menschen feuern an. Dennoch sieht hier jeder welchen Spaß beide an der Arbeit haben. Dein Hund ist für Flyball perfekt, wenn er ballverrückt ist. Er sollte aber nicht den Ball als Bestätigung sehen, sondern vielmehr die Freude, ihn Dir zu bringen und dafür eine Belohnung zu bekommen. Nur so wird er den Rückweg schnell absolvieren.

Er sollte auf jeden Fall bewegungsfreudig sein und Freude an der Arbeit mit Dir haben. Ganz wichtig ist die Sozialverträglichkeit des Hundes. Im Start- und Zieltor sind nur etwa ein Meter Platz in der Breite. Hier begegnen sich zwei Hunde aus der Mannschaft mit hohem Tempo. Sie rasen frontal aufeinander zu, müssen aber sauber aneinander vorbeilaufen, jeder in die Richtung, wo sie hinmüssen.

Dabei darf der Teampartner nicht angeschaut, angeschnüffelt oder geknufft werden. Dazu kommt in einem Abstand von ca. 4-6 m noch eine zweite Flyball-Bahn, auf der die gegnerische Mannschaft zur gleichen Zeit läuft. Dein Hund sollte also nicht nur mit den Hunden in Deiner Mannschaft, sondern auch mit den Hunden der anderen Mannschaft verträglich sein.

Für Flyball gibt es ein Regelwerk, in dem sowohl der genaue Ablauf als auch mögliche Fehler festgeschrieben sind. Fehler wären das Auslassen einer Hürde, der Hundeführer übertritt die Start-/Ziellinie, der Hund überquert die Startlinie, ohne dass der vorherige Hund die Ziellinie erreicht hat. Jeder Fehler hat am Ende des Staffellaufs die Wiederholung des Hundes zufolge. Erst wenn auch er seine Apportierübung sauber und ohne Fehler absolviert hat, wird die Zeit gestoppt.

Beim Wettkampf erfolgt die Einteilung der Mannschaften in verschiedene Leistungsklassen. Jede Mannschaft gibt bei der Anmeldung ihre persönliche Maximallaufzeit an. Daraufhin folgt die Einteilung in eine Leistungsklasse. Auf diese Weise soll erreicht werden, dass nur etwa gleich starke Mannschaften gegeneinander antreten. Schummeln ist nicht möglich. Gibt eine Mannschaft eine bewusst langsamere Maximalzeit an, um zu gewinnen, gelten alle schnelleren Läufe als die angegebene Zeit in der Leistungsklasse als verloren.

Da es sich um einen schnellen Sport handelt, müssen die Hunde natürlich gesund sein. In den letzten Jahren wurden im Hinblick auf die Gesundheit der Hunde die Ballwurfmaschinen gewechselt. Die heute verwendeten Boxen haben kaum noch eine Verletzungsgefahr bei triebstarken Hunden. Weiter können die Hunde auf der Box die sogenannte Schwimmerwende anwenden. Die Sehnen und Gelenke werden durch diese Möglichkeit minimal belastet. Um an einem Wettkampf teilnehmen zu können, müssen die Hunde mindestens 15 Monate alt sein. Lass Deinen Hund dennoch vorab von einem Tierarzt durchchecken, damit Du die Gewissheit hast, mit ihm starten zu können, ohne dass er einen Schaden nimmt.

Mondioring

Mondioring ist eine Hundesportart, die sowohl der FCI als auch der VDH anerkannt haben. Mehrere Delegierte aus Europa und Amerika haben Mondioring ausgearbeitet, um eine Verbindung der bestehenden nationalen Prüfungsordnungen zu schaffen. Die Prüfungsordnung wurde auf internationaler Basis ausgearbeitet. Die Grundlage sind verschiedene Ringelemente aus Frankreich, Belgien und der KNPV. Für die Bewältigung der Aufgaben braucht es vom Hund und Menschen Disziplin und gutes Training. Die Disziplinen im Mondioring enthalten Unterordnung, Sprünge und Schutzdienst. Dazu gehören verschiedenste Übungen. In der Unterordnung kommen beispielsweise Apportieren von verschiedenen Gegenständen, Futter verweigern oder Ablegen unter Ablenkung vor. Bei den Sprüngen sind Hürden, Weitsprung und Steilwand bzw. Palisade beinhaltet. Die Auswahl einer Sprungform erfolgt im Vorfeld des Wettkampfs. Die Aufgabe muss vom Hund unter Beachtung von bestimmten Kommandos sauber ausgeführt werden. Eine besondere Ausprägung liegt auf dem Bereich Schutzdienst. Dazu gehören simulierte Angriffe, bei denen keine Schläge vorkommen, aber auch die Verteidigung von Gegenständen und dem Hundeführer.

Im Verlauf gilt es verschiedene Hindernisse zu überwinden. Dabei gilt das strenge befolgen von Kommandos und Signalen. Für Verstöße oder nicht korrekt ausgeführte Aufgaben werden Punkte abgezogen. Es gibt keine Vorgabe zum Ablauf des Programms. Daher können sich die Wettkämpfe untereinander sehr stark unterscheiden. Für das jeweilige Turnier ist die Reihenfolge aber für alle Teilnehmer die Gleiche.

Es gibt drei Prüfungsstufen

Sie steigern sich wie in den anderen Hundesportdisziplinen in Schwierigkeitsgrad und Anzahl der Übungen. Auch wenn die Aufgaben immer die gleichen sind, ist die Ausgestaltung doch bei der jeder Prüfung anders. Für jede Prüfung gibt es ein Thema. Das kann die Ritterzeit oder Olympische Spiele oder andere sein. An Hund und Hundeführer werden durch diese Veränderungen sehr hohe Ansprüche gestellt. Es erfolgt vor jeder Prüfung eine Auslosung der Reihenfolge in den Disziplinen Unterordnung, Sprünge und Schutzdienst. Im Mondioring müssen die Hunde sehr gut zu kontrollieren, flexibel und vielseitig sein. Sie brauchen zudem ein gutes Sozialverhalten. Ist Dein Hund nicht kontrollierbar, wesensschwach, nicht sozialisiert oder aggressiv, ist Modioring nicht die richtige Sportart für Euch.

Da der Hund Teile aus dem Schutzdienst absolvieren muss, sollte er natürlich einen gewissen Schutzinstinkt haben. Dieser ist nicht bei allen Rassen ausgeprägt. Manche Rassen haben einen sehr hohen Schutztrieb, andere hingegen kaum. Du musst mit Deinem Hund testen, ob Mondioring das Richtige für Euch ist oder ihr vielleicht in einer anderen Hundesportart besser aufgehoben seid. Lass Deinen Hund auf jeden Fall auch für das Mondioring von einem Tierarzt vorab anschauen. Es kommen viele Sprünge vor, die ebenso nur von gesunden Hunden absolviert werden sollten.

Rally Obedience

Rally Obedience ist eine andere Form vom Obedience. Die perfekte Kommunikation und partnerschaftliche Zusammenarbeit zwischen Mensch und Hund sind hier ganz wichtig. In Deutschland ist die Sportart noch recht jung. Sie kommt wie viele andere Hundesportarten aus Amerika. Charles Kramer, „Bud" hat sie in den USA vor einigen Jahren entwickelt. In Amerika hat die Sportart eine große Anzahl an Anhängern, in Deutschland hat sie sich noch nicht so weit durchgesetzt.

Es gibt einen Parcours mit mehreren Stationen. An jeder Station steht ein Schild, das die genaue Aufgabe vorgibt die das Team absolvieren muss, bevor es weitergehen kann. Das Schild weist auch die Richtung, in der die Strecke verläuft. Der Hundeführer geht mit seinem Hund in der Fußposition von einer Station zur nächsten im Parcours und arbeitet diesen so schnell wie möglich sauber und präzise ab.

Im Rally Obedience darf der Mensch die ganze Zeit über mit seinem Hund kommunizieren. Das Ansprechen ist jederzeit erlaubt, ebenso das motivieren und loben. Das ist ein Unterschied zum Obedience. Zu den Aufgaben im Parcours gehören Sitz, Steh, Platz und weitere Kombinationen. Dazu kommen Richtungsänderungen um 90°, 180° und 270° nach rechts und links sowie Kreise um 360°. An anderen Stationen müssen Pylone mit einem Slalom durchlaufen werden. Eine andere Übung ist es, den Hund über eine Hürde voraus zu schicken oder ihn abzurufen. Bleib- und Abrufübungen sind natürlich ebenso mit eingebaut. Eine besondere Herausforderung für viele Hunde ist die Übung der Futterverweigerung. Hund und Mensch müssen an mehreren gefüllten Futternäpfen vorbeilaufen, dabei darf der Hund sich an keinem der Näpfe bedienen. Rally Obedience wird in Deutschland auf mehreren Turnieren in verschiedenen Leistungsklassen angeboten. Die Bewertung erfolgt nach Zeit und Punkten.

Obedience

Obedience bedeutet im Deutschen Gehorsam. Die Denksportart kann als „Hohe Schule der Unterordnung" gesehen werden. Am 22. Oktober 1949 wurde in London die erste Obedience Prüfung durchgeführt. Während der internationalen Hundeausstellung „Crufts" im Jahr 1951 wurde sie dem breiten Publikum präsentiert. Im England gibt es seit 1955 auf der Hundemesse regelmäßig die nationalen Obedience-Meisterschaften. Das 1. FCI Obedience Regelwerk ließ danach nicht mehr lange auf sich warten. Die erste Obedience Weltmeisterschaft wurde 1989 in Kopenhagen organisiert.

In Deutschland wurde im Jahr 2001 ein Pilotprojekt gestartet. Es hatte ein veraltetes holländisches Regelwerk. Uwe Wehner arbeitete das erste deutsche Regelwerk aus, das am 01. April 2002 in Kraft trat. Im gleichen Jahr nahm die erste deutsche Nationalmannschaft, bestehend aus vier Teams und einem Mannschaftsführer, an der Obedience Weltmeisterschaft in Amsterdam teil.

Obedience ist eine sehr gute Möglichkeit, Deinen Hund sinnvoll beschäftigen zu können. Die Spitzenteams zeigen, was durch gutes und regelmäßiges Training möglich ist. Dabei ist die Arbeitsfreude vom Hund das Allerwichtigste. Es gibt vier Leistungsklassen. Es sind sehr vielseitige Aufgabenstellungen, für die schon in der Beginner Klasse ein kontrolliertes, freudiges Arbeiten Voraussetzung ist, um erfolgreich in der Sportart zu werden. Innerhalb der Leistungsklassen nimmt der Schwierigkeitsgrad der Übungen zu. In der Klasse 3, der höchsten Leistungsklasse (LK), werden Landes- Europa- und Weltmeisterschaften durchgeführt. Wichtig ist eine möglichst gute Basisausbildung. Dazu kommen das Ausführen nach bestimmten Stimm- oder Sichtkommandos und das kontrollierte Verhalten auf Distanz. Der Hundeführer muss seinen Hund aus der Entfernung ins Sitz, Platz und Steh bringen können.

Der Hund muss auf Richtungsänderungen reagieren und einen Apportiergegenstand zum Hundeführer bringen, den er angezeigt bekommt. Es werden dafür drei Apportiergegenstände ausgelegt, der Hund darf aber nur den angezeigten bringen. Weiter gibt es noch andere interessante Aufgaben, die gemeistert werden müssen.

Dein Hund sollte motiviert sein und freudig mitarbeiten. Das sollte für Dich das oberste Ziel sein. Wenn Du gerne detailgenau arbeitest und an der kontinuierlichen Arbeit mit Deinem Hund Spaß hast und dazu noch eine gehörige Portion Geduld mitbringst, könnte Obedience genau die richtige Sportart für Euch sein. Zur Belohnung werden Leckerli oder Spielzeug eingesetzt. Du darfst einfache Hilfsmittel benutzen, wie eine Leine, einen Clicker oder einen Target Stick. Generell ist Obedience für alle Hunde geeignet. Beim Ablegen müssen sich alle Hunde zeitgleich auf das Kommando ihres Hundeführers ablegen. Dabei müssen sie für eine bestimmte festgelegte Zeit an der Stelle liegenbleiben. Je nach Leistungsklasse ist der Hundeführer dabei nicht immer in Sichtweite.

Das Abrufen oder Heranrufen des Hundes passiert, wenn sich der Hundeführer vom Hund entfernt hat. In der Beginnerklasse darf der Hund auf direktem Weg zu seinem Menschen, in den Leistungsklassen erschweren Zwischenkommandos die Übung.

Der Hund wird beim Voraussenden an eine bestimmte Position geschickt, die vorher festgelegt wurde. In der Beginnerklasse wird die Leine als Orientierungspunkt abgelegt. In den Leistungsklassen gibt es die Schwierigkeit, dass der Orientierungspunkt durch Ablenkung oder ein abgestecktes Viereck ersetzt wird. Startet der Hund in der Leistungsklasse 3 hat er zusätzlich noch ein Eck zu überwinden. In der Beginnerklasse wird die Leinenführigkeit geprüft. Das ist auch in der Leistungsklasse 1 noch so. In der LK 1 kommt zum Normalen gehen noch der Laufschritt dazu. In der Freifolge ist der Aufbau im Grunde wie bei der Leinenführigkeit nur eben ohne Leine.

Bei der Distanzkontrolle muss der Hund aus einer festgelegten Entfernung verschiedene Kommandos absolvieren. Je nach LK sind es bis zu sechs Positionswechsel die er befolgen muss. Dabei darf er die Ausgangsposition nicht verlassen. Die Distanzkontrolle ist ab der LK 1 Bestandteil.

Die Geruchsunterscheidung ist Nasenarbeit für den Hund. Es werden eine bestimmte Anzahl an festgelegten Hölzern ausgelegt, aus denen der Hund genau das auswählen muss, das den Geruch von seinem Hundeführer hat. Dafür hat der Hund nur eine bestimmte Zeit in der die Aufgabe gemeistert werden muss. Diese Aufgabe ist in den Leistungsklassen 2 und 3 gefordert.

Turnierhundesport (THS)

Der Turnierhundesport ist heute gut etabliert und fester Bestandteil in vielen Hundesportvereinen. Am passendsten wäre wohl ein Vergleich mit Leichtathletik mit Hund. Grundsätzlich können jeder Mensch und jeder Hund am THS teilnehmen. Es gibt verschiedene Disziplinen, die im Turnierhundesport absolviert werden können. Dazu gehören Vierkampf, Geländelauf, CSC - Combinations-Speed-Cup, Hindernislauf, Dreikampf, Shorty und K.O.-Cup. THS ist breit gefächert und soll dem Mensch-Hund-Team ermöglichen spielerisch sportliche Handlungen gemeinsam zu unternehmen.

Der Vierkampf ist die Königsdisziplin. Ähnlich dem Zehnkampf in der Leichtathletik. Dazu gehören Gehorsam, Hindernislauf, Slalom und Hürdenlauf. Ohne Gehorsam geht im Hundesport nichts. Dazu gehören Leinenführigkeit, Freifolge sowie Sitz und Platz. Im Vierkampf 2 und 3 kommt noch eine Stehübung dazu. Im Hürdenlauf braucht es Schnelligkeit und Schnellkraft. Für Hunde ist das in der Regel eine Grundvoraussetzung, der Mensch muss beides meist erst lernen.

Im Vierkampf 1, der Einsteigerklasse, muss eine Sprintstrecke von 60 Metern gemeinsam und parallel gelaufen werden. Der Hund muss dabei über vier Hürden von 30 Zentimeter Höhe springen. Laufzeit und Fehlerpunkte kommt mit in die Gesamtwertung. Im Vierkampf 2 und 3 ist die Strecke 80 Meter lang. Hier sind sechs Hürden aufgestellt. Hier ist die Besonderheit, dass Mensch und Hund die Hürden beide überspringen müssen. Fehler sind erlaubt, machen sich aber natürlich im Gesamtergebnis bemerkbar. Wichtiger ist, dass Hund und Mensch zeigen, dass sie ein Team sind, das zusammenarbeitet. Im Slalomlauf müssen Hund und Mensch gut zusammenspielen. Die Strecke ist 55 Meter im Vierkampf 1 und 75 Meter in 2 und 3. Die Slalomtore sind mit 1,40 Meter Abstand aufgestellt. Sie gilt es im Zickzack zu durchqueren. Dabei müssen Hund und Mensch die Stangen durchlaufen, ohne dabei eine Stange auszulassen. In das Ergebnis fließen zwei Wertungsdurchgänge ein. Beim Hindernislauf gibt es wieder eine 75 Meter lange Strecke. Hier sind beispielsweise Hürde, Tunnel, Schräwand, Durchsprung, ein Laufdiel mit 65 cm Höhe oder ein Hoch-Weit-Sprung aufgestellt. Der Hund muss darüber springen, durchkriechen oder drüber klettern, je nach Hindernis, der Mensch darf daneben herlaufen. In den meisten Fällen ist der Hund vor dem Menschen am Ziel, obwohl er die Hindernisse überwinden muss. Und weniger aus der Puste als sein Mensch. Das zeigt sich meist noch deutlicher nach dem zweiten Wertungsdurchgang.

Der Geländelauf ist ein relativ einfacher Einstieg in den Turnierhundesport. Jeder Hund hat die Voraussetzung von sich aus. Für den Menschen kann der Geländelauf eine willkommene Abwechslung zum Alltag und Beruf sein. Abschalten und den Kopf frei bekommen. Die Laufstrecke ist oftmals durch Flur und Wald, weniger auf Straßen oder Asphalt. Der Hund bleibt an der Leine. Die Grundlage ist ein sozialverträglicher Hund und Spaß an der gemeinsamen Beschäftigung und Bewegung.

Ein CSC-Parcours bringt auch immer gleich Wettkampfstimmung mit. An den Start gehen drei Hunde mit ihrem Hundeführer. CSC ist Tempo, Gehorsam und Sozialverträglichkeit der Hunde. Und das alles unter hoher Anspannung. Der Parcours umfasst drei Abschnitte. Er enthält Hindernisse, Wendestangen und Slalomtore. Jeder Hundeführer steht mit seinem Hund an einer Startposition die ihm zugewiesen wurde. Das Team darf erst starten, wenn der vorherige Läufer an seinem Ziel angekommen ist. CSC ist einem Staffellauf ähnlich, es wird aber kein Staffel übergeben.

Der Hindernislauf aus dem Vierkampf ist eine eigenständige Disziplin, die sich gut eignet, um in den THS einzusteigen.

Eine weitere Möglichkeit ist der Dreikampf. Hierin sind die drei Laufdisziplinen des Vierkampfes 1 enthalten, also Hürdenlauf, Slalomlauf und Hindernislauf. Besonders für Hunde, die den Gehorsam noch nicht so verinnerlicht haben, ist der Dreikampf ein guter Einstieg. Damit kommen sie leichter in den Vierkampf, die Königsdisziplin.

Shorty ist quasi eine Kurzbahn CSC. Es gibt zwei parallele Hindernisbahnen. Die Grundanforderung an Hund und Halter ist noch nicht so hoch wie beim CSC, daher ist Shorty ebenfalls eine gute Einstiegsmöglichkeit. Durch den geringen Platzbedarf kann Shorty auch gut in Hallen durchgeführt werden.

Im K.O.-Cup treten zwei Mensch-Hund-Teams auf parallel gleich aufgebauten Hindernisparcours gegeneinander an. Gestartet wird im klassischen K.O. System, also Sieger gegen Sieger. Auf diese Weise wird der Beste des Tages ermittelt. Spätestens hier brauchen die Teilnehmer körperliche Fitness, was für die Hunde meist ohnehin kein Problem ist.

Zughundesport

Canicross

Beim Canicross handelt es sich um einen Geländelauf, den Hund und Mensch zusammen bewältigen. Du und Dein Hund werden dabei richtig fit. Zudem kannst Du Deinen Hund körperlich und geistig sehr gut auslasten. Dabei sind Mensch und Hund über einen Bauchgurt und eine Ruckdämpferleine miteinander verbunden. Canicross kann mit einem oder zwei Hunden bewältigt werden. Dabei haben die Hunde spezielle Zuggeschirre. Die Geschirre geben ihnen möglichst viel Bewegungsfreiraum. Der oder die Hunde laufen vor dem Menschen und halten die Leine auf Zug. Der Mensch muss den Hunden die Strecke vorgeben und sie durch Kommandos lenken. Canicross ist eine Abwandlung der Zughundesportarten wie Dogscooter, Bikejöring oder Skijöring. Bei den Wettkämpfen ist in der Regel ein recht hohes Tempo angesagt. Die Menschen können meist schneller laufen und ihr Tempo über die Distanz halten, weil sie vom Hund gezogen werden.

Canicross kann von Anfängern betrieben werden, eine gute Voraussetzung ist eine bestimmte Grundfitness von Mensch und Hund. Dein Hund sollte natürlich gesund sein und keine körperlichen Einschränkungen haben. Lasse ihn beim Tierarzt regelmäßig durchchecken. Sag dem Tierarzt auch, welchen Hundesport Du machen möchtest. Er wird beim Hund das Herz-Kreislaufsystem und den Bewegungsapparat entsprechend untersuchen. Wenn Dein Hund älter als fünf Jahre ist, solltest Du auch regelmäßig das Blutbild kontrollieren lassen. Hol Dir auf jeden Fall das Ok von Deinem Tierarzt für Canicross. Im ersten Schritt musst Du Deinen Hund an das Zuggeschirr gewöhnen. Es darf ihn nicht behindern und muss gut passen. Bedenke, wenn Du ab dem sechsten Lebensmonat mit Canicross beginnst, dass Du das Geschirr immer wieder prüfen und tauschen musst, wenn es nicht mehr passt.

Du kannst mit einem Hund beginnen, der ein halbes Jahr alt ist, ihn an das Geschirr zu gewöhnen. An das eigentliche Training kannst Du erst mit dem ausgewachsenen Hund denken. Je nach Rasse ist das zwischen dem neunten und 18. Lebensmonat. Und hol auf jeden Fall das OK vom Tierarzt ein.

Canicross eignet sich generell für alle Hunde, die gesund und fit sind. Je nach Training und Rasse kann ein Hund 30 bis 60 km am Tag laufen. Für Canicross gibt es keine speziellen Rassen, besonders große Vierbeiner wie Bernhardiner oder Molosser sind aber meist eher nicht geeignet. Hunde, die Spaß am Laufen haben, auch am längeren und schnelleren Laufen, sind im Canicross gut aufgehoben.

Für das Canicross brauchst Du einen Bauchgurt, für Deinen Hund oder Hunde jeweils ein Zuggeschirr und eine Zugleine. Dazu brauchst Du gute Schuhe, mit denen Du auch sicher auf sämtlichen Wegen bei hohem Tempo unterwegs bist. Ein Paniksnap ist ein gutes Hilfsmittel. Er wird an der Zugleine befestigt und macht ein schnelles Lösen möglich, um Unfälle zu vermeiden. Die speziellen Bauchgurte gibt es mit oder ohne Beinschlaufen. Du bekommst sie bei Händlern für Zughundesportbedarf.

Das Zuggeschirr muss Deinem Hund gut passen und sehr gut sitzen. Es darf nicht scheuern und ihn nicht einengen. Die Bewegungsfreiheit darf nicht eingeschränkt sein. Dein Hund wird im Laufe des Trainings viele Muskeln aufbauen. Du musst also das Geschirr immer wieder auf seinen Sitz kontrollieren. Je nach Rasse und Körperbau musst Du das für Euch passende Zuggeschirr finden. Es gibt viele verschiedene Arten. Die Geschirre sind beim Hund so wie Laufschuhe beim Menschen. Dabei hat jeder seine eigenen Vorlieben. Es gibt im Zughundesport Kurz- und Langgeschirre, X-Back-Geschirre und andere. Du solltest Deinen Hund genau ausmessen und Dich mit einem Händler in Verbindung setzen, um das wirklich bestmöglich passende Geschirr zu finden.

Die X-Back-Geschirre sind nicht ganz so komfortabel an- und auszuziehen, weil sie keine Schnallen haben. Das mag nicht jeder Hund. Wichtig ist auf jeden Fall, dass der Hund in keiner Weise in der Atmung behindert wird. Die beste Möglichkeit wäre, mehrere Geschirre testen zu können. Es kann dauern, bis Du wirklich das passende Geschirr für Deinen Hund gefunden hast.

Die Zug- oder Jöringleine muss auf Gewicht und Zugkraft vom Hund abgestimmt sein. Für den Beginn ist eine Jöringleine mit 150 cm Länge eine gute Wahl. Besonders, wenn sich der Hund noch nicht so gut kontrollieren lässt. In den Wettkämpfen kommen in der Regel 190 cm Jöringleinen zum Einsatz. Bei zu langen Leinen besteht die Gefahr vom Hängenbleiben in Ästen oder Hindernissen und dass ein zu großer Abstand zwischen Mensch und Hund entsteht. Wie bei allen Zughundesportarten ist es wichtig, dem Hund die Kommandos für die Richtungsweisung zu lernen und diese im Vorfeld gut zu üben. Gut ist es, ein Seminar oder einen Kurs bei einem Zughundesporttrainer zu absolvieren. Eine echte Herausforderung kann auch sein, dass der Hund ja normalerweise nicht an der Leine ziehen darf. Er soll anständig an lockerer Leine laufen. Wenn Du für den Zughundesport ein spezielles Zuggeschirr verwendest und zum Spazierengehen ein Halsband oder Führgeschirr, kann der Hund das deutlich unterscheiden. Er weiß nach einiger Zeit, dass das Zuggeschirr Ziehen erlaubt.

Das Canicrosstraining muss gut aufgebaut werden. Spiel mit Deinem Hund erst eine Runde, um in eine positive Stimmung zu kommen. Ihr könnt das Spielen auch für das Warmup nutzen. Andernfalls könnt Ihr Euch mit klassischen Übungen aufwärmen. Du kannst dafür den Seitwärtslauf nutzen oder Hopsen. Bist Du aufgewärmt, wärme Deinen Hund mit Spielen auf. Tobe mit ihm, sodass er auch warm wird.

Verbinde die Jöringleine mit Deinem Bauchgurt und dem Zuggeschirr Deines Hundes. Falls Du einen Hund hast, der sich recht aufregt und wild vor dem eigentlichen Start umherspringt, halte ihn am Halsband, bis er zur Ruhe kommt. Hat sich Dein Hund beruhigt, kannst Du die Leine langsam aus Deiner Hand gleiten lassen. Gib ihm das Kommando für den Start und dann geht die Post ab. Schau während dem Laufen nicht die ganze Zeit auf den Hund, sondern auf die Strecke.

Zieht Dein Hund nicht richtig, ist eine zweite Person hilfreich, die vorne wegläuft und ihn lockt. Viele Hunde laufen in der Gruppe leichter. Für den Menschen wird hier auch der Spaßfaktor gesteigert, wenn er mit Gleichgesinnten den Sport ausüben kann. Wenn Dein Hund aber so gar nicht ziehen möchte, zwing ihn nicht dazu. Nicht alle Hunde sind zum Zughund geboren. Hunde, die nicht gerne ziehen, können mit viel Training und Motivation dazu gebracht werden. Aber es dauert sehr lange und Du solltest dabei immer überlegen, ob Du Deinem Hund damit wirklich einen Gefallen tust.

Der Cooldown ist genauso wichtig wie das Warmup. Habt Ihr Eure Trainingseinheit absolviert, nimm dem Hund das Zuggeschirr ab. Jetzt kommt das Loben und belohnen. Für den Trainingserfolg und die positive Verknüpfung mit dem Sport ist das ungemein wichtig. Nutze ein leichtes auslaufen und dehnen, wie Du es beim Lauftraining auch machen würdest. Achte auf Deinen Hund, ob Dir etwas auffällt, das anders ist als sonst und kontrolliere seine Pfoten. Wenn Du viel auf Schotterwegen unterwegs bist, kannst Du Deinen Hund mit Booties an den Pfoten schützen. Führt Dich Dein Weg über viel Asphalt, bedenke immer, dass sich dieser schnell aufheizt bei Sonnenschein. Prüfe mit Deiner Hand die Temperatur. Fast alle Hunde mögen es gerne mit einem Handtuch trocken gerubbelt zu werden. In dem Fall kannst Du damit die Bindung ungemein stärken. Der Nebennutzen ist, dass Dein Hund trocken und sauber wird.

Hunde schwitzen nur an den Pfoten, daher ist es in Deiner Verantwortung darauf zu achten, dem Hund genug Möglichkeiten zu bieten, dass er sich abkühlen kann. Trainiere nicht, wenn die Temperaturen 15 Grad übersteigen. Wenn Du merkst, dass Dein Hund sehr stark hechelt, such Dir einen Schattenplatz für eine Pause und gib ihm Wasser zu trinken. Im Sommer solltest Du, wenn es die Temperaturen noch zulassen, nur in den ganz frühen Morgenstunden trainieren. Wenn Du trainieren willst, achte darauf, dass der Hund das letzte Mal vier Stunden vor dem Training gefressen hat. Zwei Stunden vor dem Training ist es wichtig, ihn zu wässern. Das bedeutet, dass er ein bis zwei Liter Wasser trinken sollte. Das klingt viel und vielleicht denkst Du jetzt auch, wie Du Deinen Hund animieren sollst, soviel zu trinken. Gib ihm Fleischbrühe oder füge dem Wasser Thunfisch oder Lachöl dazu. Nicht erschrecken, der Hund bekommt einen kleinen Wasserbauch. In den nächsten zwei Stunden verteilt sich die Flüssigkeit aber im gesamten Körper. Du solltest Deinem Hund alle 40 bis 50 Minuten die Möglichkeit geben, sich zu lösen.

Vielleicht wunderst Du Dich jetzt, warum Du das machen solltest, aber die Erklärung ist ganz logisch. Die Menge Wasser verteilt sich in alle Zellen im Körper des Hundes. Auf diese Weise kannst Du verhindern, dass der Hund während dem Training dehydriert. Die meisten Hunde trinken zwar über den Tag verteilt, so viel wie sie brauchen und Durst haben. Aber für das Zughundetraining eben nicht genug. Nach dem Training kannst Du Deinem Hund etwas Honig oder Ziegenmilch geben. Honig ist eine echte Energiebombe, durch die Ziegenmilch bekommt er viele Aminosäuren.

Du solltest als Anfänger in der Woche mit zwei bis drei Canicross Einheiten starten. Möchtest Du mehr laufen oder bist die Belastung schon mehr gewöhnt, nimm Deinen Hund zum Laufen mit, allerdings im Freilauf. Canicross ist deutlich mehr als Joggen mit Hund. Beim Canicross besteht ein ständiger Zug auf der Leine. Das heißt für Dich höhere Belastung der Hüfe und Oberschenkel und allgemein für die Gelenke.

Du kannst Canicross auch als Nordic Walker machen, wenn Du nicht laufen möchtest oder kannst. Nicht jeder möchte die Strecke auf Geschwindigkeit absolvieren. Beim Wettkampf starten Mensch-Hund-Teams einzeln und mit einem zeitlichen Abstand. Die Strecken sind zwischen Sprintstrecke bis zu einem Kilometer, Kurzstrecke zwischen einem und drei Kilometern und Langstrecke zwischen drei und maximal zehn Kilometern getrennt. Im Regelwerk ist genau beschrieben, welche Maximaldistanzen ein Hund an einem Wettkampftag laufen darf.

Dogscooting

Der Zughundesport ist nicht nur für Huskys geeignet, sondern für sehr viele Hunderassen. Natürlich gilt es hier einiges zu beachten und auf die körperlichen Voraussetzungen der Hunde Rücksicht zu nehmen.

Das Dogscooting erfreut sich immer größerer Beliebtheit. Ein oder mehrere Hunde ziehen ein Gefährt. Das kann ein Dogscooter, ein Trike, ein Trainingswagen oder ein Sacco-Kart sein. Im Schlittenhundesport wäre es ein Schlitten, das Fahrrad kommt beim Bikejöring zum Einsatz. Der Dogscooter ist ein Tretroller.

Wenn Du mit dem Dogscooting beginnen möchtest, brauchst Du dafür einen speziell dafür konzipierten Tretroller. Du hast auf dem Scooter einen tieferen Schwerpunkt als bei einem Fahrrad. Damit ist das Fahrergewicht nur knapp über dem Boden während der Fahrt. Du bist auch flexibler und kannst Deinen Schwerpunkt anders verlagern. So kannst Du Kurven optimal passieren. Das Absteigen geht in den meisten Fällen ebenfalls schneller und Du kannst Dich leichter mit den Beinen abstützen. Das ist besonders wichtig, wenn die ersten Fahrversuche noch etwas unsicher sind. Dogscooting sollte dennoch nicht unterschätzt werden.

Du solltest nicht einfach so, ohne Erfahrung und alleine starten. Such Dir für die richtige Fahrtechnik und um die Basics wirklich zu lernen einen guten Musher oder Zughundeausbilder. Du solltest auch wirklich nur mit einem speziellen Dogscooter Tretroller fahren. Herkömmliche Roller sind nicht für das Dogscooting geeignet. Bei den Dogscootern gibt es deutliche Unterschiede. Spare hier lieber, dass Du einen guten gebrauchten von einem namhaften Hersteller bekommst.

Im Internet werden viele Scooter für den Zughundesport zu einem günstigen Preis angeboten. Sie sind von einer Noname Marke und nicht wirklich für den Zughundesport geeignet. Lass Dich hier von einem Trainer beraten oder such Dir Gleichgesinnte in Deiner Nähe. Zusammenfahren macht auch viel Spaß. Noch dazu hast Du hier den Vorteil, wenn der Hund nicht so gut zieht und jemand braucht, der vorne wegläuft, kann er den anderen der Gruppe hinterherlaufen.

Weiter brauchst Du für Dich einen Helm, die passende Kleidung und festes, trittsicheres Schuhwerk. Eine Schutzbrille kann je nach Untergrund empfehlenswert sein. Du kannst einen Fahrradhelm nutzen oder auch einen Helm aus dem Motorradsport mit Visier. In dem Fall wäre die Schutzbrille überflüssig.

Für den Hund benötigst Du ein gut passendes, spezielles Zughundegeschirr. Sie sind extra zum Ziehen konzipiert und verteilen die entstehenden Kräfte optimal. Auf diese Weise wird der Rücken des Hundes entlastet. Es gibt verschiedene Modelle der Zuggeschirre. Je nach Körperbau des Hundes passt das eine oder andere Modell besser. Weiter benötigst Du noch eine Ruckdämpferleine und eine Bikeantenne. Sie ist ein Abstandshalter, damit die Leine nicht in das Vorderrad gerät. Oft haben die Leinen noch eine spezielle Sicherungseinhängung. Möchtest Du später längere Dogscooting Touren unternehmen, solltest Du über Booties, also spezielle Schuhe für Zughunde, nachdenken, um die Pfoten und Ballen Deines Hundes zu schützen.

Es kommt dabei aber auch darauf an, auf welchem Boden Du fährst. Bei steinigem Boden sind Booties ratsam. Du musst Deinen Hund aber erst daran gewöhnen.

Dogscooting sollte ausschließlich mit gesunden, erwachsenen Hunden ausgeübt werden. Für Junghunde ist die Belastung der Gelenke zu hoch. Der Hund sollte über genug Kraft verfügen und ausreichend groß sein, um den Scooter samt Menschen ziehen zu können. Besonders Hunde mit Lauffreude werden an dem Sport großen Spaß haben. Jetzt könnte die Vermutung aufkommen, dass Dogscooting nur zum auspowern gedacht ist. Weit gefehlt. Die Hunde werden dabei auch geistig voll ausgelastet.

Zu Beginn ist es wichtig, den Hund langsam an das Ziehen und die Technik zu gewöhnen. Wichtig ist auch, im Vorfeld die Kondition des Hundes aufzubauen. Erhöhe die zurückgelegte Strecke immer nur um einige Schritte und achte vor allem darauf, dass es dem Hund gut geht. So kannst Du verhindern Deinen Hund zu überlasten. Gönne ihm auf jeden Fall genug Regenerationsphasen. Du solltest zu Beginn nicht mehr als ein bis dreimal die Woche eine kurze Strecke fahren. Es ist besser weiche Wald- und Feldwege zu nutzen als Asphaltstraßen. Das längere Laufen auf harten Böden ist für Hunde nicht besonders angenehmen. Außerdem kann es den Gelenken schaden. Damit Du Deinen Hund gut steuern kannst, musst Du ihm die entsprechenden Kommandos beibringen. Rechts, Links, Halt oder Stopp und Go oder Los. Das kannst Du schon beim Gassigehen üben. Das Ziehen des Scooters verlangt dem Hund Kraft ab. Achte daher auf ausreichende Pausen. Diese müssen natürlich besonders an die Leistung vom Hund angepasst sein. Achte auf Trinkmöglichkeiten für den Hund. Nimm also genug Wasser mit. Das Training sollte nicht bei warmem Wetter stattfinden. Die Regel liegt bei 15 Grad, wobei manche Zughundesportler auch sagen 20 Grad. Nach einer Dogscooter Tour braucht der Hund seine Regenerationsphase.

Gib ihm die Zeit, dass er seine Kraftreserven wieder auftanken kann. Je nachdem wie ambitioniert Ihr seid, könnt Ihr auf Rennen gegen andere Zughundeteams antreten.

Wie im Canicross gelten die Regeln, dass der Hund eine „große" Mahlzeit maximal vier Stunden vor dem Training bekommt. Das „Wässern" zwei bis drei Stunden vor dem Training darf auch beim Dogscootern nicht außer Acht gelassen werden. Um den Zughundesport lang und gesunderhaltend für den Hund ausführen zu können, musst Du viele Dinge beachten. Aber der Spaß für Euch beide macht den Aufwand auf jeden Fall wett. Zughundesport mach Spaß und süchtig.

Dummyarbeit

Das Training mit Dummys hat seinen Ursprung in Großbritannien. Ursprünglich wurde es für die Ausbildung von Jagdhunden entwickelt. Beim Dummy handelt es sich um eine Attrappe. Die Dummys sind aus Canvas- oder Segeltuch zu einem Säckchen genäht und haben eine Kunststoff- oder Sägemehlfüllung. Es gibt sie mit verschiedenen Gewichten. Der Dummy soll das zu apportierende Niederwild ersetzen. Du kannst Deinen Hund trainieren zu markieren, zu suchen und zu apportieren, ohne dass Du dafür jedes Mal ein echtes Wild benötigst.

Dummys werden bis heute in der Ausbildung von Jagdgebrauchshunden eingesetzt. Für Familien- und Begleithunde ist die Arbeit mit dem Dummy eine gute Förderung ihrer Apportierfähigkeit, Aufmerksamkeit und Teamfähigkeit. Das Dummytraining ist mittlerweile eine eigenständige Disziplin. Dummytraining eignet sich generell für alle Hunde. Es kommt ganz darauf an, wie intensiv Du Dich mit der Dummy-Arbeit beschäftigen möchtest. Du brauchst dann dafür eine gewisse Ausstattung. Die Dummys sind das wichtigste Equipment.

Für das Dummytraining sollte Dein Hund eine gewisse Apportier- und Lernfreude haben. So kannst Du ihn in den grundlegenden Jagdtätigkeiten trainieren. Oftmals werden zusätzlich Futterdummys eingesetzt.

Sie können auch zum Futterbeuteln verwendet werden. Weitere Hilfsmittel sind Hundepfeifen und Clicker. Mit dem Futterdummy kann der Hund an die Dummys gewöhnt werden. Riechen Sie verführerisch nach Leckerchen oder Futter, bringt der Hund sie vielleicht eher als die einfachen Dummys, die nicht direkt eine Belohnung versprechen. Wenn Du einen Dummy wirfst, wird beim Hund der natürliche Jagdinstinkt geweckt. Durch den Geruch von Futter wird dieser noch verstärkt.

Wenn Du Deinem Hund das Apportieren noch lernen musst, dann arbeite in kleinen Schritten. Lass ihn den Dummy zu Dir bringen und lob ihn. Belohne ihn dafür. Wenn er den Beutel nicht hergeben mag, tausche den Dummy gegen ein Leckerchen.

Wenn Du noch einen jungen Hund oder gar Welpen hast, achte darauf den Vierbeiner nicht zu überlasten. Der Dummy sollte weder zu weit noch zu oft geworfen werden. Ist Dein Hund sehr aufgeregt und nervös, mach genug Pausen. Lobe und belohne ihn, wenn er zwischendurch ruhig ist. An dem Sprichwort „Man soll aufhören, wenn es am schönsten ist" ist viel dran. Höre mit dem Üben auf, wenn der Hund den Dummy gut apportiert hat. Damit verhinderst Du, dass seine Konzentration nachlässt und die Übung schlechter wird.

Wenn Eure Trainingseinheit beendet ist, gehört der Dummy Dir. Das heißt, er wird an einem für den Hund unerreichbaren Platz deponiert. Er soll kein Spielzeug sein, das dem Hund immer zur Verfügung steht. Bald wird er sonst nicht mehr den Sinn darin erkennen, dass er ihn Dir bringen soll.

Die Dummyarbeit ist eine Zusammensetzung aus verschiedenen Elementen. Die Basis der Anforderungen kommt von Jagdgebrauchshunden. Der Hund soll lernen, wie die Fallstelle des Wildes richtig erkannt wird. Er muss sich vom Jäger anleiten lassen, systematisch nach dem Wild zu suchen und es zu apportieren.

Im Markierapport muss der Hund erkennen, wie die Flugbahn verläuft und wo die Fallstelle ist. Er muss sie sich einprägen und lernen die Entfernung richtig einzuschätzen. Er muss die Fallstelle auch sicher finden können, wenn die Flugbahn unterbrochen wurde. Des Weiteren sollte er sich die Fallstelle für längere Zeit richtig merken können. Hier ist für den Hund nicht so sehr der Geruchssinn entscheidend, vielmehr soll er hier in erster Linie seine Augen benutzen.

Für das Einweisen ist es wichtig, dass Hund und Mensch eng zusammenarbeiten. Der Mensch kennt in dem Fall die Fallstelle, der Hund allerdings nicht. Der Hund muss die Anweisungen des Menschen befolgen und darf sich nicht von anderen Witterungen ablenken lassen. Jäger nutzen das Einweisen, wenn für sie der Weg zum Wild nicht zugänglich ist. Der Hund soll dafür zunächst eine gerade Linie vom Menschen vorauslaufen, die er angezeigt bekommt. Die genauere Einweisung erfolgt unter Umständen durch Pfiffe und Handzeichen.

Für die Freiverlorensuche braucht der Hund eine gute Ausdauer und eine außerordentlich gute Nase. Er muss ein weitläufiges Gebiet von ungefähr 200 bis 500 Quadratmeter durchsuchen, abhängig von Gelände und Witterung. Es ist hier nicht genau bekannt, wo der Dummy heruntergefallen ist. Der Mensch greift in der Regel nur ein, wenn der Hund sich aus dem Suchgebiet entfernt. Eine gute Veranlagung für die Freiverlorensuche haben besonders Vorstehhunde.

Eine Schleppfährte ist das Fährtensuchen eines angeschossenen Tieres. Für das Training wird ein Stück Schleppwild verwendet. Der Mensch zieht diesen Dummy an einem Seil bis zu der Position, an der der Hund den Dummy finden soll. So wird die Fährte simuliert.

Das disziplinierte und ruhige Verhalten, das jeder Jagdhund haben sollte, wird als Steadiness bezeichnet. Der Hund muss dabei lernen, dass er keinen Laut geben darf, selbst dann nicht, wenn er sich in einer angespannten Situation befindet. Ebenso darf er nicht ohne den Befehl des Menschen einfach loslaufen.

Natürlich haben Jagdhunderassen ein besonderes Talent für die Dummyarbeit. Schließlich wurden sie für genau diese Tätigkeiten gezüchtet. Wenn Du also einen Jagdhund hast und ihn artgerecht geistig auslasten möchtest, solltest Du ernsthaft über die Dummyarbeit nachdenken. Natürlich kannst Du das Training mit allen Hunden machen, die jagdlich ambitioniert sind. Hunde, die mit keinen besonders ausgeprägten Jagdtrieb auf die Welt kommen, können besonders mit dem Futterdummy motiviert werden.

Kapitel 7: Rettungshundesport

Der Rettungshundesport ist eine artgerechte Beschäftigung für nahezu alle Hunde, da er echte Nasenarbeit bedeutet. Es gibt verschiedene Möglichkeiten wie Mantrailing, Fährtensuche, Flächensuche, Trümmersuche, Lawinensuche und Wasserrettung. Im Sportbereich brauchen, im Gegensatz zur Rettungshundestaffel, die Besitzer keine Ausbildung im Sanitätsdienst oder an technischen Geräten.

Wenn Du Deinen Hund zu einem Sport-Rettungshund ausbilden möchtest, dann ist diese Arbeit genauso anspruchsvoll wie es in einer Rettungshundestaffel der Fall ist. Du kannst Deinem Hund durch die Nasenarbeit perfekte Auslastung bieten und genau die Beschäftigung, die den meisten Hund ohnehin im Blut liegt. Ein weiterer Pluspunkt ist die Schulung der Unterordnung und Geschicklichkeit. Sport-Rettungshunde bekommen in mindestens einer Sparte eine Ausbildung.

Mantrailing

Mantrailing ist eine besondere Form der Nasenarbeit für Hunde, die sie geistig fordert und auslastet. Fast alle Menschen und Hunde können die Mantrailarbeit machen. In vielen Hundeschulen wird sie angeboten und erfreut sich immer größerer Beliebtheit. Für das Mantrailen braucht der Hund erst einmal keine besonderen Kenntnisse. Alter, Rolle und bis zu einem gewissen Grad der Erziehungsstand sind erst einmal nicht wichtig.

Es gibt verschiedene Trailarten. So kann jeder Hund nach seinen Anlagen individuell gefordert und gefördert werden. Wenn Du mit Deinem Hund das Trailen sehr ambitioniert angehen möchtest, kann Du überlegen eine Prüfung abzulegen und Dich in Wettkämpfen mit anderen zu messen.

Wenn Du das Trailen nicht nur als Hobby machen möchtest, besteht die Möglichkeit sich einer Rettungshundestaffel anzuschließen. Hier bekommen Du und Dein Hund eine weitere Ausbildung, damit Ihr für echte Einsätze gerüstet seid. Allerdings ist die echte Rettungshundearbeit sehr zeitaufwändig und auch mit einigen Kosten verbunden. Weiter musst Du Dir klar sein, dass die Einsätze meist nachts stattfinden. Für die Mantrailhunde im Dienst- und Rettungshundebereich werden noch einmal andere Anforderungen gestellt als es im Sporthundebereich der Fall ist.

Das Mantrailing ist eine Art der Sucharbeit. Der Hund wird dabei an der Leine geführt. Zur Ausrüstung gehören ein Führgeschirr und eine Schleppleine. Für Hunde ist die Sucharbeit eine perfekte Arbeit, um ihre außergewöhnliche Riechleistung beweisen zu können. Für die Form der Fährtenarbeit benötigt der Hund den spezifischen Geruch des zu suchenden Menschen. Anders als bei der Flächensuche geht er nicht nach Bodenverletzungen, sondern orientiert sich an den einzigartigen Geruchsmolekülen der vermissten Person. Speziell ausgebildete Mantrailerhunde können dem menschlichen Individualgeruch über verschiedene Untergründe, unter schwierigen Voraussetzungen und einen längeren Zeitraum folgen. Es ist für sie eine Spitzenleistung in der Nasenarbeit.

Das Mantrailing, wie es heute bekannt ist, kommt aus Amerika. Nach Aufzeichnungen kann aber gesagt werden, dass bereits in den Anfängen des mittelalterlichen Englands sogenannte Kriminalhunde zur Personensuche eingesetzt wurden. Der Begriff setzt sich zusammen aus den englischen Worten man für Mann oder Mensch und trailing für verfolgen. Das Mantrailing ist eine natürliche und artgerechte Form der Auslastung für Familienhunde. Lass Dich überraschen, welche Leistungen Dein Hund vollbringen kann.

Flächensuche

Hier müssen Mensch und Hund in der Lage sein, ein Gelände so geschickt aufzuteilen, dass sie es gründlich durchsuchen können. Dafür braucht der Hundeführer den Überblick, damit er seinen Hund lenken und führen kann. Hunde haben durch ihre gute Nase und den ausgeprägten Geruchssinn die Fähigkeit von Geburt an Menschen aufzuspüren. Die Strecke kann unwegsames Gelände sein oder auch eine große Waldfläche. Der Hund sucht im Gelände menschliche Witterung. Dabei muss der Hund Menschen anzeigen, die liegen, laufen, sitzen oder kauern. Er hat dafür verschiedene Anzeigemöglichkeiten. Welche Form der Anzeigemöglichkeit Du mit Deinem Hund trainierst, kommt auf den Hund an und was ihm am meisten liegt.

Eine Möglichkeit der Anzeige ist das Verbellen. Hierbei bleibt der Rettungshund bei der gefundenen Person und bellt solange, bis der Hundeführer dazu kommt. Der Hundeführer kann dem Bellen des Hundes folgen. Es stellt sich manchen die Frage, ob das für die vermisste Person angenehm ist, einen bellenden Hund vor sich zu haben oder ob in dem Moment die Erleichterung überwiegt, zu wissen, dass Hilfe naht.

Die zweite Anzeigemöglichkeit ist das Bringeln. Der Hund nimmt ein so bezeichnetes Bringsel bei der gefundenen Person auf und läuft damit zu seinem Hundeführer. Anschließend führt er ihn zu der gefundenen Person.

Die dritte Variante der Anzeige ist das Freiverweisen. Dabei nimmer der Hund kein Bringsel auf. Vielmehr zeigt er dem Hundeführer ein spezielles Verhalten. Er führt den Hundeführer zurück zu der Person. Das kann entweder an der Leine passieren oder durch ein Pendeln des Hundes zwischen Person und Hundeführer.

Dafür läuft der Hund ein Stück in Richtung der Person und wartet dort auf seinen Hundeführer. Manche Hunde laufen auch ein Stück voraus und zum Hundeführer zurück. So lange, bis der Hundeführer die gesuchte Person erreicht hat.

In der Flächensuche sind die Suche nach vermissten Kindern oder verwirrten älteren Personen typische Einsätze. Wird ein Verbrechen vermutet, kommen Rettungshundestaffeln in der Regel nicht zum Einsatz.

Bei der Flächensuche kann es passieren, dass der Hund eine Spur aufnimmt und auch mal eine Person meldet, die der Hundeführer eigentlich nicht sucht. Anders als der Mantrailer sucht der Flächensuchhund nicht ganz gezielt mit einem Geruchsstoff nach einer Person.

Trümmersuche

Eine der schwierigsten Formen der Rettungshundearbeit ist die Trümmersuche. Ein Trümmerhund oder Katastrophenhund muss in der Lage sein, aus vielen verschiedenen Gerüchen die menschliche Witterung herauszufiltern. Dabei kann es sein, dass die Opfer unter meterdicken Trümmerschichten vergraben sind. Die Anzeige erfolgt durch Verbellen oder Scharren an der Stelle. Damit Fehler vermieden werden können, wird nach Möglichkeit ein zweiter Hund für die Wiederholung der Suche eingesetzt. Damit die Einsätze in ausländischen Katastrophengebieten keinen psychischen Schaden verursachen, brauchen Hund und Halter eine äußerst hohe Disziplin und Belastbarkeit. Es sind viele von top Rettungshundeteams dennoch nicht für diese Form der Arbeit geeignet. Gasexplosionen oder Erdbebenkrisengebiete sind typische Einsatzorte für die Trümmersuche.

Lawinensuche

Lawinenhunde finden verschüttete Personen, die unter einer Lawine begraben sind. Sie sind oftmals gegenüber dem technischen Fortschritt die bessere und oft auch einzige Möglichkeit, um schnellstmöglich den Aufenthaltsort des Verschütteten zu bestimmen.

Viele Lawinenhundeteams sind in einigen Orten jeden Tag in den Wintermonaten im Bereitschaftsdienst. So können im Ernstfall immer direkt ein bis zwei Teams auf den Lawinenkegel geflogen werden. Für Hund und Hundeführer ist die Arbeit sehr aufwendig und belastend. Für den Hundeführer heißt es umfangreiche Kenntnisse in Abklärung, Gefahreneinschätzung und Einsatzabläufen zu haben. Er ist einer der Ersten am Einsatzort. Der Hund muss so gefestigt sein, dass andere Hunde, Suchteams, Sondierketten oder andere Einflüsse ihn nicht ablenken. In Deutschland gehören die spezialisierten Lawinensuchhundeteams meistens zur Bergwacht und nicht in eine Rettungshundestaffel.

Wasserrettung

Die Wasserrettung ist eine weitere Form der Rettungshundearbeit. Hier kommen in vielen Fällen so bezeichnete „Wasserhunde" zum Einsatz. Dazu gehören der Landseer oder Neufundländer. Es eignen sich aber genauso viele andere Rassen für die Wasserrettung. Die Hunde bekommen ein spezielles Geschirr, mit dem sie zum Opfer schwimmen und ihre Hilfe anbieten. Das Opfer kann den Griff am Geschirr nutzen, um sich vom Hund ans rettende Ufer oder ein Boot ziehen zu lassen. Kann das Opfer das Geschirr nicht greifen, weil es bewusstlos ist, fasst der Hund die Person am Arm oder der Hand und zieht sie in Sicherheit.

Eine andere Möglichkeit ist das Heranbringen eines Rettungsschwimmers. Dieser kann die Person versorgen und sich und das Opfer vom Hund ans Ufer bringen lassen. Das Einsatzgebiet der Wasserhunde ist eingeschränkt, da sie natürlich in der Nähe des Gewässers sein müssen.

Leichensuche

Eine abgewandelte Form der Sucharbeit sind Leichensuchhunde. Um eine Rettung handelt es sich in dem Fall nicht. Rettung bedeutet Wiederherstellen und Stabilisieren der vitalen Funktionen eines Lebewesens. Die Arbeit der Leichensuche ist eher forensischer Art. Dennoch ist sie wichtig, da sie bei der Aufklärung von Straftaten helfen soll. Zudem ist es für Angehörige eines Opfers wichtig sich verabschieden und es beerdigen zu können. Wird ein Suizid vermutet, kommen auch eher Leichenhunde zum Einsatz, da Rettungshunde hier meist leider nicht mehr helfen bzw. retten können. In Katastrophengebieten dient die Leichensuche dem Gesundheitsschutz. Die Seuchengefahr steigt durch nicht aufgefundene Verstorbene. In Deutschland betreibt nur die Polizei Leichensuche mit Hunden und ganz wenige Privatpersonen.

Wasserortung

Die Wasserortung oder auch Wassersuche ist eine andere Form der Leichensuche. Taucher und Rettungskräfte müssen bei einem Fall eines Ertrunkenen meist die gleichen Schwierigkeiten überwinden. Sie haben relativ wenig Kräfte und müssen ein Gebiet absuchen, das in manchen Fällen von Augenzeugen beschrieben, in vielen Fällen aber auch nur vermutet werden kann. Dazu kommt, dass sie für die Arbeit unter Wasser nur einen begrenzten Zeitraum haben.

Wasserortungshunde schwimmen bei der Suche oder suchen vom Boot aus nach einem menschlichen Geruch, der aus dem Wasser kommt. Es wurden dabei schon Ortungstiefen von 50 Metern und noch mehr beschrieben. Der Einsatz eines Wasserortungsteams ist in den meisten Fällen nicht direkt möglich. Durch die Alarm- und Anrückzeit vergeht eine gewisse Zeit, was leider meist dann eine Leichensuche zur Folge hat.

Unterordnung und Gewandtheit

Rettungshundeteams üben nicht nur die Nasensuche. Eine weitere Übung ist Unterordnung und Gewandtheit.

Hier werden durch verschiedene Gehorsamsübungen die gute Kommunikation zwischen Mensch und Hund geprüft. Der Hund zeigt, dass er die Hör- und Sichtzeichen gehorsam und freudig umsetzt.

In der Gewandtheit folgt eine Überprüfung des Hundes mit und an verschiedenen Geräten. Er muss beispielsweise durch einen Tunnel mit einem festen Eingang laufen. Anschließend wird von ihm verlangt, durch einen Schlauch oder ein Stoffteil zu kriechen, um dann über instabile Untergründe zu laufen. So werden Trümmer simuliert. Das Überqueren einer Holzbrücke und diverse andere Hindernisse gilt es ebenso zu überwinden. Der Hund muss ein Stück vom Hundeführer getragen und an eine andere Person übergeben werden, die ihn ein kurzes Stück weiterträgt. Die Fortgeschrittenenausbildung umfasst noch das Überqueren einer beweglichen Brücke oder Leiter. Die Leiter ist wie ein Laufdiel im Turnierhundesport aufgebaut.

Als Sport-Rettungshund eignet sich grundsätzlich jeder Hund. Wichtig ist, dass der Hund keine Verhaltensauffälligkeiten hat. Fremden gegenüber und zu anderen Hunden sollte er sich neutral verhalten.

Der Hund darf keine übermäßige Angst haben. Selbst dann nicht, wenn es in der Umgebung knallt. Schon Welpen können an die Sportart herangeführt werden, damit sie viele Dinge schon frühzeitig kennenlernen.

Um Sport-Rettungshundearbeit zu machen, brauchen Du und Dein Hund keine Athleten sein. Hier steht ganz klar der Spaß im Vordergrund, dem Hund eine sinnvolle Auslastung zu bieten.

Abschließende Worte

Wie Du siehst, gibt es sehr viele Möglichkeiten, Hunde artgerecht auslasten zu können. Dabei kannst Du genau das Richtige für Dich und Deinen Hund raussuchen. Ob actiongeladener Hundesport oder eher konzentriertes und detailreiches Arbeiten, für alle Vorlieben gibt es Angebote.

Arbeitslose, unterforderte Familienhunde müssen nicht sein. Der große Vorteil ist, dass die Bindung zwischen Dir und Deinem Hund deutlich besser wird, was Dir auch im Alltag hilft. Deinem Hund tust Du auf jeden Fall einen großen Gefallen, wenn er geistige Auslastung bekommt. Die meisten Hunde wollen arbeiten und Du wirst teilweise sehr erstaunt sein, was Dein Hund alles leisten kann. Achte immer darauf Deinen Hund nicht zu überfordern und lass für verschiedene Hundesportarten den Hund vorab von einem Tierarzt durchchecken. Für viele Hundesportarten müssen die Hunde absolut gesund und fit sein.

Für welche Möglichkeit Du Dich auch entscheidest, um Deinen Hund artgerecht geistig auszulasten, wünsche ich Euch beiden jede Menge Spaß.

- Viktória Vass

Bonus

Schon mal etwas von **Johanna Esser** gehört? Sie ist mit Abstand eine der besten Hundetrainer-Kolleginnen die ich jemals kennenlernen durfte. Deshalb erfreut es mich auch so sehr dir an dieser Stelle zu zeigen, wie Sie dir dabei helfen kann deinen Hund zu trainieren, ohne dass du dafür Hunderte von Euros an Hundetrainer zahlen musst. Alles ganz einfach in Form eines Online-Hundetraining-Programms*.

> **Besuche für nähere Infos einfach folgende Seite:**
> *> http://bit.ly/Hundetraining-mit-Johanna <*

In diesem Programm, welches mehr als 50 Videos enthält, erhältst du 12 umfangreiche Module zur Hundeeerziehung:

- Modul 1 - Die Basics der Hundeerziehung
- Modul 2 - Die optimale Leinenführigkeit
- Modul 3 - OHNE Leine...eine neue FREIHEIT
- Modul 4 - Perfektes lernen im Spiel
- Modul 5 - Abrufen aus JEDER Situation
- Modul 6 - Effektive Wege der Kommunikation
- Modul 7 - So lernt Dein Hund richtig
- Modul 8 - Sinnvolle Beschäftigungen
- Modul 9 - Der stressfreie Alltag mit Hunden
- Modul 10 - Das richtige Spielen (Bindung schaffen!)
- Modul 11 - Die richtigen Hilfsmittel
- Modul 12 - Anti Jagd Training
- BONUS: Modul 1 - Clickertraining Teil 1
- BONUS: Modul 2 - Clickertraining Teil 2
- BONUS: Modul 3 - Fährtenkurs

Wenn du dir die zahlreichen umfangreichen Texte, Bilder und mehr als 50 Live Videos anschauen willst, dann besuche einfach mal die Webseite von Johanna:

> http://bit.ly/Hundetraining-mit-Johanna <

Notizen

Notizen

Printed in Poland
by Amazon Fulfillment
Poland Sp. z o.o., Wrocław

82904562R00068